ENTREVUE
A
PAMPELUNE
DE
LL. MM. LES REINES D'ESPAGNE
ET
DES PRINCES FRANÇAIS

PAR

F. LAURENT,
CHEVALIER DE L'ORDRE ROYAL DE LA LÉGION-D'HONNEUR.

PARIS,
DAUVIN ET FONTAINE, LIBRAIRES,
PASSAGE DES PANORAMAS.

1845

ENTREVUE

À

PAMPELUNE

Paris — Imprimerie de Boulé et Ce, rue Cocq-Héron, 3.

ENTREVUE

A

PAMPELUNE

DE

LL. MM. LES REINES D'ESPAGNE

ET

DES PRINCES FRANÇAIS

PAR

F. LAURENT,

CHEVALIER DE L'ORDRE ROYAL DE LA LÉGION-D'HONNEUR.

PARIS,

DAUVIN ET FONTAINE, LIBRAIRES,

PASSAGE DES PANORAMAS.

1845

A SA MAJESTÉ LA REINE D'ESPAGNE, ISABELLE II.

Madame,

Si l'on voulait dignement célébrer les derniers événemens de la Péninsule, il faudrait, comme l'un de vos ministres, réunir l'imagination brillante du poète à la raison pénétrante et ferme de l'homme d'État. Et pourtant la grandeur du sujet n'a pas épouvanté ma faiblesse : j'ai consulté plutôt mon zèle que mes forces.

Il y a deux siècles, l'Espagne formait avec la France cette union fraternelle qui, malgré des discords passagers, devait être si durable. Dans une île à jamais célèbre, frontière verdoyante des deux royaumes, des ministres tout-puissans arrêtaient l'alliance du *grand roi* Louis XIV et d'une princesse espagnole. Que de pensées glorieuses rappelle encore aujourd'hui cette mémorable conférence, qui donna le repos à deux nations généreuses, et assura l'avenir de la plus noble comme de la plus ancienne des dynasties! Mais combien l'éclat de ces souvenirs paraît effacé en présence des événemens dont j'ai eu naguère le bonheur d'être le témoin. Quel spectacle plus imposant, quel fait plus fécond et plus heureux que cette entrevue cordiale qui a réuni les deux plus illustres branches du tronc glorieux des Bourbons! quel lieu plus convenable et mieux choisi pour ces augustes entretiens! C'était non loin du berceau d'Henri IV, dans la capitale de cette Navarre, dont votre aïeul et celui de nos princes bien-aimés fut le souverain.

Qui pourrait dire quels résultats immenses pour le bonheur des deux peuples sortiront de cette entrevue? Désormais l'Espagne et la France vont s'appuyer l'une sur l'autre et se chérir comme deux sœurs : grâce à cette union cimentée entre les deux trônes, les Espagnols et nous marcherons d'un pas égal vers cette prospérité, que la sagesse de votre gouvernement vient d'inaugurer dans la Péninsule, et dont l'influence noblement pacifique du roi Louis-Philippe nous fait jouir depuis quinze années.

Déjà tout s'apaise et se calme de l'autre côté des Pyrénées : la guerre civile ne lève plus sa tête orgueilleuse dans vos États; Votre Majesté, avec cette force qui s'allie si bien avec la bonté, cicatrise les plaies saignantes que les dissensions laissent après elles. Enfin, tout présage à vos sujets, trop long-temps éprouvés, des jours sereins et purs comme le beau ciel de leur patrie. L'étranger qui visite la Péninsule s'étonne d'y trouver tant de prospérité après dix ans de luttes intestines et de déchiremens intérieurs.

C'est vous, Madame, qui avez calmé les tempêtes et dissipé les orages ; aussi les factions vaincues sont désormais impuissantes. Quel Espagnol n'est pas heureux et fier de sa jeune Reine ? qui pourrait songer à rallumer le flambeau des discordes civiles, quand on voit partout l'ordre et la justice succéder à la licence et à l'anarchie? Depuis que les vœux et l'amour de vos sujets, non moins que vos droits légitimes, vous ont placée sur le trône, l'administration tient le gouvernail d'une main plus ferme et plus sûre; l'impôt s'établit d'une manière équitable et devient à la fois plus productif pour le trésor et moins onéreux pour les citoyens : aussi le crédit s'éveille et renaît, l'industrie s'agite et secoue les ailes pour prendre son essor. Déjà des voies nouvelles, produit merveilleux de l'art moderne, vont sillonner vos États, et bientôt, dans une course rapide et sûre, le voyageur enchanté pourra voir en quelques heures les orangers embaumés de Séville, les vignes parfumées et jaunissantes de Malaga, les tours mauresques de Cordoue, les forêts de pierre de l'Alhambra et la masse imposante et grandiose de l'Escurial. Oui, l'Espagne redevient heureuse et puissante comme aux anciens jours; et cet éclat nouveau, ce bonheur retrouvé, seront l'ouvrage d'une jeune Reine deux fois victorieuse des factions.

C'est là, sans doute, un bien magnifique tableau ; cependant, quand je parle de vos bienfaits et de vos grandeurs, je suis un écho bien pâle des acclamations que j'entendais naguère de toutes parts sur votre passage. Qu'ils étaient doux pour votre oreille et pour votre cœur, les transports bruyans des populations répandues en foule autour de vous! Car la voix du peuple est la voix de Dieu, et ce n'était pas seulement dans les provinces plus rapprochées de votre capitale et plus habituées à votre royale bonté, que les cris d'enthousiasme accueillaient Votre Majesté. Partout le même empressement, la même ardeur et la même ivresse; le Nord semblait rivaliser avec le Midi, à qui montrerait le plus d'amour et de respect à sa souveraine. Tous ces éclats d'une joie long-temps contenue, c'était à vous qu'ils s'adressaient : c'était vous que tout un peuple saluait comme l'héritière légitime de ses rois, l'arbitre de ses destinées et de son bonheur.

Mais c'était là seulement encore l'épanchement d'une nation reconnaissante : à Pampelune, votre voyage devait acquérir les immenses proportions d'un grand fait historique. Entourée de vos ministres, du brave Narvaez, dont l'héroïque fermeté fut l'appui de votre trône; de l'illustre Martinez de la Rosa, poète enchanteur et politique éminent, vous avez reçu cette royale famille de France, si digne de l'amour de son peuple et de l'admiration des nations étrangères. Quelle réunion majestueuse et charmante! S. M. la reine Christine, d'un cœur si haut, d'une intelligence si sûre, la reine Christine, que tous les Espagnols, comme vous, madame, appellent leur mère; votre auguste sœur, l'Infante Luisa, si belle et si gracieuse entre toutes, dans cette Espagne, patrie de la grâce et de la beauté; le duc de Nemours, ce futur dépositaire de nos destinées; la duchesse de Nemours, doux trésor ravi à l'Allemagne, dont le sourire console d'augustes douleurs, dont la tendresse remplace un ange retourné au ciel; le duc d'Aumale qui semble avoir reçu en héritage l'ardeur belliqueuse et les traditions de courage des Condés : voilà quel cortége, bien digne de vous, vous environnait dans ces fêtes. Aussi, le souvenir de ces jours célèbres sera gravé dans la mémoire des populations, et cette entrevue restera comme un de ces événemens où les historiens aimeront à puiser leurs chroniques.

Je n'ai parlé que du côté pittoresque de cette royale entrevue. Mais, entre ces bals étincelans et ces courses de taureaux, vieux souvenirs de la chevaleresque Espagne, de graves intérêts ont été agités, d'importantes questions soulevées et résolues. Il ne m'appartient pas de déchirer complétement le voile qui couvre encore le secret de ces entretiens. Bientôt les événemens apprendront ce que Votre Majesté et ses augustes visiteurs auront décidé. Mais que les deux nations se livrent à l'espérance! c'est leur prospérité, leur avenir, leur bonheur qu'on a préparés.

Daignez, Madame, agréer l'hommage respectueux de cet ouvrage, où votre auguste nom se trouve à chaque page, et recevoir l'expression des sentimens élevés de celui qui se dit, avec respect,

De Votre Majesté,

Le très humble et très obéissant serviteur,

F. LAURENT.

Paris, novembre 1845.

LOUIS D'ORLÉANS,

Duc de Nemours.

Entrevue de Pampelune, par F. Laurent

S.M. ISABELLE II (MARIE-LOUISE)
Reine d'Espagne.

Entrevue de Pampelune
par F. Laurent

ENTREVUE
A
PAMPELUNE

PREMIÈRE LETTRE.

A MONSIEUR LE MARQUIS DE *** DÉPUTÉ.

Tolosa, 3 septembre 1845.

Je n'ai pas oublié, Monsieur, la promesse que je vous fis à mon départ de la capitale. A vous donc ma première pensée, mon premier souvenir, en arrivant à Tolosa; à vous, mon excellent ami, dont le zèle si pur, si désintéressé pour le pays et le Roi, accueille avec bonheur tout ce qui se rattache à l'auguste famille de Sa Majesté.

Vous me disiez récemment: « Je considère le voyage en Espagne de Monseigneur le duc de Nemours et de son auguste frère comme un fait politique d'une haute portée, comme un lien de plus ajouté à tous les liens qui unissent déjà la Péninsule à la France.» —Vos paroles, Monsieur, se vérifient pour moi à mesure que j'avance sur cette terre amie. A travers les splendeurs de l'hospitalité qui est offerte à nos princes, à travers toutes ces joies, ces ovations, ce bruit, cet enthousiasme, cette sympathique ivresse des populations espagnoles, je découvre déjà, moi, tout petit penseur, moi, chétif appréciateur du mouvement des choses, les symptômes de cette union sincère, de cette grande et heureuse solidarité politique qui tend à s'établir entre les deux pays. Sœurs aujourd'hui par la révolution, par l'identité des tendances, des besoins et des intérêts; sœurs par la communauté des élémens constitutionnels, l'Espagne et la France doivent marcher en se donnant la main dans la grande famille des puissances européennes. Ce qu'avait fait Louis XIV au simple point de vue des intérêts dynastiques, nos deux révolutions constitutionnelles sont en train de le faire au point de vue plus large des intérêts généraux. Entre nous désormais *il n'y a plus de Pyrénées*.

Je me trompe pourtant; à ma lassitude excessive, à l'horrible fatigue qui me brise les membres, je suis forcé d'avouer qu'il existe toujours, entre Tolosa où je suis et notre ville de Bayonne où j'étais encore ce matin, les plus âpres, les plus ardus, les plus pénibles chemins qui soient peut-être au monde.

C'est à travers ces chemins contournés, tordus et capricieux, tantôt couchés au fond d'une vallée, tantôt suspendus sur quelque haute cime où ils se déroulent de loin, ainsi qu'un long ruban égaré au flanc des montagnes; c'est au milieu de ces sites hardis, aux proportions gigantesques, à l'aspect sévère et gracieux à la fois, que nos princes ont pénétré sur le territoire espagnol.

Ici que vous dirai-je? Comment et par où commencer le récit de cet itinéraire qui n'est pas un itinéraire, de ce voyage qui n'est pas un voyage, de cette ovation continue, de ces fêtes, de ces receptions empressées, de ce pêle-mêle enivrant d'enthousiasme, de cris, d'innombrables *vivats!* qui commencent avec le départ et que répètent encore les échos attardés des vallées de Guipuzcoa.

Ce matin, à 9 heures, LL. AA. RR. ont reçu les adieux des habitans de Bayonne. La population tout entière avait voulu saluer le départ de ces princes, accueillis par elle avec tant de bonheur, et dont le passage laisse partout de si heureux souvenirs. La garde d'honneur à cheval qui, pendant le séjour des augustes voyageurs, avait fait le service auprès de leurs personnes, a voulu, malgré les bienveillantes instances de Monseigneur le duc de Nemours, accompagner LL. AA. RR. jusqu'à la frontière d'Espagne.

Les princes se sont mis en route dans l'ordre suivant : Dans la première voiture, LL. AA. RR. Monseigneur le duc, Madame la duchesse de Nemours et Monseigneur le duc d'Aumale ; dans la seconde, Madame la comtesse d'Oraison et M. le général Boyer ; dans la troisième, M. le comte Bresson, ambassadeur de France à Madrid et Madame Bresson ; dans la quatrième, M. le préfet du département, M. le sous-préfet de Bayonne, M. le général Jacobi et Madame Leroy. M. de Larnac, secrétaire des commandemens de Monseigneur le duc de Nemours, MM. Borel de Brétizel et Reille, ses officiers d'ordonnance, et M. le colonel Jamin, aide-de-camp de Monseigneur le duc d'Aumale, avaient précédé le cortége.

N'attendez pas, Monsieur, que je vous fasse un bulletin minutieux, heure par heure, minute par minute, de la journée qui vient de finir. Je craindrais, en vérité, de ne plus me reconnaître, au milieu de toutes les fêtes, de tous les accueils empressés dont j'ai été le témoin. Sur toute la route ce n'a été qu'un cri, qu'une ovation continue, qu'un mouvement de joie universelle.

Après s'être arrêtés quelques instans à Biarritz, où une reception brillante les attendait, les princes se sont dirigés sur Saint-Jean-de-Luz. Ils ont voulu toutefois, en passant au Port-Vieux, jouir du magnifique spectacle de l'Atalaye, de ce majestueux promontoire qui domine si magniquement le riant tableau du golfe de Gascogne. Monseigneur le duc d'Aumale a offert son bras à Madame la duchesse de Nemours pour gravir la montagne, du sommet de laquelle l'un des plus beaux panoramas du monde s'est bientôt déroulé sous leurs yeux.

En ce moment, l'Océan, calme et beau, resplendissait au loin des mille feux reflétés du soleil. On eût dit que la vaste mer sommeillait dans sa majesté, mollement endormie au bruit des symphonies que faisait entendre, sur les rochers voisins, la musique militaire du 6e régiment. Il y avait dans ce spectacle quelque chose de féerique, de grandiose, d'étrange. En face, l'immensité de Dieu, la mer étincelante et diaprée de lumières, se déroulant comme un rideau soyeux, aux pieds des voyageurs; à l'est, l'encadrement sévère des montagnes de Guipuzcoa; puis, çà et là, sur les tertres sans nombre qui entourent l'Atalaye, des flots de populations suspendus, mouvans, agités et donnant au loin le mouvement et la vie à cet immense décor de la nature. Voilà ce que nos princes ont pu admirer un moment du haut de l'Atalaye; voilà le dernier cri d'adieu qui leur a été jeté par les populations empressées des provinces françaises.

A midi, le cortége arrivait à Saint-Jean-de-Luz. Monseigneur le duc de Nemours a voulu visiter la maison habitée par Louis XIV, lorsqu'il vint recevoir son épouse Marie-Thérèse. LL. AA. RR. se sont également rendues à l'église paroissiale, où on leur a montré la porte par laquelle le grand roi était sorti le premier, après la construction du monument.

A une heure, nous étions à Béhobie, sur les bords de la Bidassoa. Si vous le permettez, nous ferons ici une courte halte, en faveur des grands souvenirs qui me reviennent en foule.

Quelle histoire féconde que celle de la Bidassoa, de ce pauvre cours d'eau jeté par la nature entre deux grands royaumes, pour leur servir de limite! C'est sur la Bidassoa qu'a eu lieu, dans le quinzième siècle, la célèbre entrevue des rois Louis XI de France et Henri IV de Castille. C'est là que les très hautes princesses dona Ana (Anne d'Autriche) et Maria-Teresa furent successivement accueillies et fêtées par deux rois de France, devenus leurs époux. C'est là que Mazarin et Luis de Haro ont conclu, au commencement du règne de Louis XIV, cet historique traité qui devait mettre un terme aux luttes des deux pays. J'ai vainement cherché la célèbre île des Faisans, où eurent lieu les conférences entre les deux ministres. Jetée sur pilotis au milieu de la rivière, pour l'entrevue des deux grands politiques, cette construction a, dès long-temps, disparu, emportée par les flots dans l'immensité des mers, comme les actes politiques dont elle a été temoin ont été emportés dans l'immensité de l'oubli.

Que d'autres souvenirs attachés encore au nom de la Bidassoa! Éternel rendez-vous de nos luttes passées avec la Péninsule, elle nous a vus, tour à tour amis ou ennemis, essayant de franchir ses ondes avec des fortunes diverses. A des époques encore récentes, ses eaux ont reflété les couleurs de nos étendards, comme elles viennent de refléter aujoud'hui celles de nos habits de fête.

C'est au milieu du pont de Béhobie, au point même où se trouve la ligne de démarcation entre les deux pays, que LL. AA. RR. ont été accueillies par les envoyés de S. M. la Reine d'Espagne. Le caractère solennel de cette réception a vivement frappé tous ceux qui ont eu le bonheur d'y assister. M. le duc de San Carlos, gentilhomme de la chambre, M. Arana, introducteur des ambassadeurs, M. le général Zarco del Valle, directeur général du génie, M. le général Barrenechea, commandant la province de Guipuzcoa, MM. d'Aldamar et d'Olazabal, députés de la province, et plusieurs autres officiers espagnols ont été successivement présentés à nos princes, à qui ils ont fait, au nom de leur auguste souveraine l'accueil le plus flatteur.

LL. AA. RR. ont achevé alors de franchir le pont, au milieu des cris d'enthousiasme, auxquels répondaient des salves nombreuses d'artillerie française et espagnole placée sur les deux rives. Avant de quitter le territoire français, Monseigneur le duc de Nemours avait voulu remercier lui-même, par des paroles empreintes d'une gracieuse effusion, la garde d'honneur de Bayonne qui l'avait accompagné jusqu'à la frontière. Puis, nos compatriotes avaient pris congé des princes, laissant LL. AA. RR. sous la sauvegarde de l'hospitalité espagnole.

Vous dire de quels soins empressés, de quelles flatteuses manifestations les augustes voyageurs ont été l'objet de la part des populations espagnoles, serait vraiment chose impossible.

A Irun, la première ville que l'on rencontre en quittant la France, sur ce point occupé pourtant jusqu'en 1835 par les rebelles de la dernière guerre civile, une magnifique réception avait été préparée. De gracieuses tentures couvraient la façade de toutes les maisons, et à chaque fenêtre flottaient les couleurs réunies de France et d'Espagne.

Grâce à l'activité du service des postes, pour cette circonstance, et aux soins intelligens de M. Alvarez, directeur des maîtres de poste, qui avait été envoyé de Madrid pour organiser les relais, LL. AA. RR. ont eu bientôt franchi la distance comprise entre Irun et Tolosa.

Je ne parlerai pas des flatteuses démonstrations qui ont accueilli partout les fils du Roi, dans ce trajet rapide.

Dans chaque village l'empressement était le même; les *vivats !* se mêlaient au bruit des cloches que prolongeaient au loin les échos des montagnes. C'est ainsi que nos princes ont traversé, comme en triomphateurs, cette belle province; qu'ils ont salué tour à tour ces bourgades et ces villages de la vieille terre de Guipuzcoa, où l'histoire du passé a laissé tant de souvenirs: Hernani, où est né le célèbre Jean d'Urbieta, qui fit prisonnier le roi François Ier à la bataille de Pavie; Betelu, dont tous les habitans ont été jadis anoblis par un privilége de don Juan de Navarre; Lecumberri, où le pauvre habitant montre encore avec terreur la maison habitée par Zumalacarreguy, pendant la guerre civile; et cette pittoresque vallée de Loyola, dont les femmes sont, à ce qu'on assure, les plus belles et les mieux faites de toutes les Espagnes.

Enfin, à cinq heures et demie, LL. AA. RR. sont arrivées à Tolosa, où elles ont fait leur entrée en voiture découverte. L'affluence était énorme, l'enthousiasme indicible. C'est au point qu'au moment où les princes et la princesse se sont présentés au balcon pour saluer la population, je me suis cru encore au milieu des cités françaises que nous venions de quitter.

Après le défilé des troupes de la garnison, dont l'excellente tenue a frappé tous les étrangers, LL. AA. RR. ont assisté à une magnifique *comparse* (fête chorégraphique) composée de jeunes gens et de jeunes personnes qui avaient eu l'honneur de danser la veille en présence de S. M. la Reine Isabelle.

Ce soir, un superbe banquet a été offert à nos princes par la province de Guipuzcoa. Plusieurs personnages de distinction y assistaient, notamment le député-général de la province, M. le comte de Villafranca, les généraux Concha et Barrenechea. Pendant le repas, LL. AA. RR ont fait l'admiration de toutes les personnes présentes, par les charmes de leurs causeries et la franche cordialité de leurs manières. Il n'est question dans toute la ville que de l'exquise aménité des princes français et des grâces si nobles, si pleines de douce dignité de Madame la duchesse de Nemours.

Demain, LL. AA. RR. partent pour Pampelune à neuf heures du matin. Elles quitteront Tolosa comme toutes les villes qu'elles ont visitées, laissant après elles de bien doux souvenirs, emportant surtout les sympathies et les bénédictions des malheureux qu'a déjà secourus ici, par d'abondantes aumônes, leur inépuisable charité.

LETTRE DEUXIÈME.

Pampelune, 4 septembre 1845.

Pampelune! la ville de l'histoire, l'orgueilleuse cité guerrière, la fidèle clé des Espagnes; Pampelune! avec ses traditions, ses lointains souvenirs, ses siècles d'existence; Pampelune! le vieux joyau de la vieille Navarre, où le pied ne peut se poser sans éveiller un écho d'autrefois, où chaque souffle qui s'élève et qui passe apporte au voyageur comme une évocation de l'histoire endormie!

Aussi, comme elle est fière encore dans sa robuste vieillesse, comme elle se dresse superbe, au milieu de ses murs, non loin de sa gothique et forte citadelle, la tête menaçante sur le sommet de sa haute éminence, les pieds nonchalamment, paresseusement allongés dans la riante plaine arrosée par les eaux de l'*Arga*.

Vous ne sauriez croire, Monsieur, ce que l'histoire, cette grande magicienne, apporte à l'esprit du touriste de belles

2

illusions, de magnifiques mensonges, de séduisans mirages. Dans cette ville si triste et si chauve, si monotone et si rechignée, dont les rues, pour la plupart étroites et tortueuses, ont quelque chose de sombre, de moyen-âge qui attriste d'abord, je me suis, malgré moi, composé, arrangé, construit par la pensée une ville de souvenirs. Sous les murs gris et froids de l'antique cathédrale où dort ce Charles III de la maison d'Évreux, qui fut roi de Navarre, j'ai cru voir les ombres flottantes de saint Firmin, premier évêque de Pampelune, et de saint Saturnin son maître, qui, le premier, dans toutes les Espagnes, apporta à l'antique cité la lumière de l'Évangile. Plus oin, j'ai vu passer cette longue série de barbares illustres, de sauvages héros qui vinrent tour à tour, du cinquième au huitième siècle, se disputer la terre de Navarre, au pied des vieux créneaux de sa ville capitale. Et ces Goths intrépides qui, sous la conduite d'Euric, s'emparèrent de Pampelune, et ce vieux roi Wamba, sous le règne duquel se soumirent, dans le septième siècle, les descendans des Vascons et des Navarrais; et les guerres de Charlemagne et celles de son fils Louis; et ces luttes sanglantes, acharnées, opiniâtres, qui ont amené tour à tour, sous les murs de Pampelune, tantôt Sanche-le-Fort et le roi catholique Ferdinand d'Aragon, tantôt François Ier, encore duc d'Angoulême, et le prince Henri de Navarre, fils de Jean d'Albret, tantôt l'homme puissant, le politique immense, la plus grande figure peut-être du seizième siècle, l'empereur Charles-Quint!

Voilà, Monsieur, ce que j'ai voulu voir, ce que j'ai vu d'abord à Pampelune. Arrivé plusieurs heures avant le cortége de nos princes, je me suis composé ce que j'appellerai volontiers une petite lanterne-magique de l'histoire. Jugez maintenant du contraste, lorsqu'en quittant l'ancienne Pampelune, le théâtre de tant de guerres, le tombeau de nos pères, la ville ennemie enfin, je me suis retrouvé dans la Pampelune moderne, devenue pour nous et nos princes la ville de l'hospitalité.

Tout compte fait, le spectacle présent que je vois avec mes deux yeux, vaut bien, je vous assure, le spectacle passé que je voyais naguère avec mes souvenirs. D'ailleurs, depuis deux jours, la capitale de la Navarre a pris un air de joie, de bonheur, de franche gaîté qui en changent l'aspect ordinaire. Partout le mouvement, l'agitation, le bruit. Dans ces rues, toujours silencieuses, les flots d'une population turbulente, avide, empressée, vont, viennent, se croisent, se confondent, se succèdent à chaque instant. Ici des groupes nombreux où des noms vénérés et bénis de l'Espagne sont prononcés avec amour; là des enfans du peuple au regard rayonnant, au visage tout épanoui ; plus loin, des femmes, des vieillards, de fraîches et belles jeunes-filles dans leurs habits de fête, de nombreux militaires dont l'uniforme tranché et la magnifique tenue se détachent agréablement au milieu de cette mer vivante répandue par toute la ville. Et le mot de cette énigme, le magique secret de cette transformation, la cause de tout ce bonheur, de toute cette joie, de tout cet enthousiasme, vous l'avez déjà devinée... Les deux Reines et l'Infante sont arrivées, depuis deux jours, à Pampelune ! ! !...

En fixant ici le lieu de la royale entrevue qui doit commencer aujourd'hui, le gouvernement de S. M. la Reine Isabelle II a politiquement bien mérité du trône constitutionnel de l'Espagne. C'est, à mon avis, un acte gouvernemental d'une haute signification, une consécration définitive et complète de la royauté actuelle.

N'oublions pas le rôle que jouaient, il y a peu de temps, les provinces du nord de l'Espagne. Eloignées du sceptre constitutionnel de la fille de Ferdinand VII, emportées dans le tourbillon de la guerre civile, considérées par l'Europe comme l'un des plus grands obstacles à l'établissement de l'ordre aujourd'hui existant, placées enfin pour le cabinet de Madrid dans un état de suspicion qui n'était que trop motivé, ces provinces étaient encore un prétexte offert aux doutes malveillans, aux sourdes ambitions, aux prétentions inquiètes des révolutionnaires et du parti despotique. Aujourd'hui, plus de doutes, plus de prétentions, plus de rêves coupables, absurdes, insensés; les populations du nord protestent elles-mêmes contre tout soupçon injurieux de non-fidélité envers la seule et vraie dynastie légitime. Le touchant accueil fait à LL. MM. et à l'auguste Infante, les témoignages unanimes d'amour et d'absolu dévoûment qui les ont accompagnées, depuis Saint-Sébastien, les vœux empressés du peuple, du pays tout entier s'élèvent désormais comme un démenti solennel adressé aux ennemis de l'Espagne nouvelle.

Sous ce point de vue, Monsieur, le gouvernement de S. M. catholique aura fait une grande et salutaire chose. Il aura constaté une pacification générale qui est réellement son œuvre; il aura assuré au trône légitime de l'auguste fille de Ferdinand la consécration émanée de l'assentiment universel, des vœux, du dévoûment et des sympathies de tous.

Ce n'est pas un titre moins honorable pour les hommes illustres, pour les conseillers éminens qui président aux destinées de l'Espagne, que d'avoir resserré, sous leur administration, les liens d'intimité qui nous unissent aujourd'hui à la Péninsule. A leur politique forte, modérée et prudente, à leur énergique application d'un salutaire système gouvernemental, doit revenir l'honneur de la bienveillante démarche que la France fait aujourd'hui dans la personne de deux de ses princes.

Rien n'a été négligé par le ministère espagnol pour donner à cette entrevue un caractère de bonne et loyale amitié. Je n'en citerai qu'une preuve : par un de ces sentimens d'exquise gracieuseté, que l'on pourrait appeler de la courtoisie diplomatique, l'honorable ministre des affaires étrangères, M. Martinez de la Rosa, a voulu que nos princes ne trouvassent ici que des témoignages de sympathie, de cordiale prévenance en faveur de la France. J'apprends à l'instant que Son Excellence a fait prescrire au chef politique de Pampelune d'élargir sans aucun délai cinq de nos compatriotes récemment arrêtés par suite des événemens de la frontière. On ne pouvait provoquer avec un meilleur goût, avec plus d'esprit d'à-propos et de tact, une mesure qui est en même temps une satisfaction donnée à la diplomatie.

Ainsi a préludé le gouvernement espagnol à la réception de nos princes. Il a gracieusement et délicatement pensé que leur entrée à Pampelune ne pourrait s'effectuer sous de plus heureux auspices. C'était presque dire aux fils du Roi de France : « Vos nationaux captifs doivent leur liberté à votre bonne venue. »

C'est seulement à trois heures que LL. AA. RR. ont fait leur entrée dans la ville. Elles étaient encore à une distance de deux lieues sur la route de Tolosa, lorsque les premiers cris ont signalé leur approche. Aussitôt, un grand mouvement s'est fait dans toute la place ; le son des cloches a retenti partout ; la population s'est portée en masse vers la porte de la *Taconera;* on eût dit qu'une vie nouvelle venait de s'ajouter au mouvement déjà considérable de la vieille cité.

Le général Pavia, capitaine-géneral de la Navarre, accompagné des généraux Oraa et Concha, et d'un grand nombre d'officiers de tous grades, s'est avancé jusqu'au delà du pont neuf pour recevoir les augustes voyageurs. Là se trouvaient aussi la municipalité de Pampelune, la députation provinciale et un grand nombre de fonctionnaires civils. On ne peut se faire une idée du pittoresque coup d'œil offert en ce moment. Vous eussiez dit une ville abandonnée tout à coup par sa population. La délicieuse promenade de la *Taconera,* devant laquelle devaient passer LL. AA. RR., était notamment encombrée de curieux.

Arrivés au *Pont-Vieux,* les princes ont quitté leur voiture de voyage pour prendre place dans un magnifique carrosse envoyé au nom de la Reine. L'attelage en était somptueux. Il se composait de six chevaux bais, conduits par un postillon vêtu d'un élégant et riche costume à la jockey. Le cocher et trois laquais qui se tenaient derrière la voiture portaient la livrée que la maison royale revêt les *jours de grand gala.* Le duc de Nemours occupait la première place de droite, et à son côté Madame la duchesse de Nemours. Le général Zarco del Valle était en face de Madame ; le duc d'Aumale en face de son auguste frère. Dans un second carrosse attelé de six superbes mules se trouvaient Madame la comtesse d'Oraison, dame d'honneur de Madame la duchesse de Nemours, Madame la comtesse Bresson et M. le général Boyer. LL. AA. RR. Monseigneur le duc de Nemours et Monseigneur le duc d'Aumale portaient l'uniforme de lieutenant-général avec le grand cordon de la Légion-d'Honneur.

Le cortége, précédé de six lanciers en éclaireurs et d'un détachement de cuirassiers, s'est bientôt mis en marche et dirigé vers la ville. Pendant le trajet, qu'il a fallu faire lentement et au pas, ce n'a été qu'un cri de la part des habitans, une interminable série de *Vivent les princes!* d'unanimes manifestations parties de tous les points à la fois, et auxquelles nos princes s'empressaient de répondre par de gracieuses salutations. Don Manuel Aldaz, chef politique, Xavier Vidarte, alcade, ses adjoints et les membres de la municipalité attendaient LL. AA. RR. au delà de la porte de la *Taconera.* A l'approche de nos princes, les

LETTRE TROISIÈME.

Pampelune, 5 septembre 1845.

Quelle journée, Monsieur, que la journée qui vient de finir! Quelle série d'émotions, d'élémens les plus divers, d'épisodes les plus étranges et les plus contradictoires! Comment vous raconter tous ces événemens, tous ces détails et si beaux et si sombres, et si joyeux et si tristes? Comment reproduire cette histoire rapide, confuse, de quelques heures, cette Babel où tout est pêle-mêle, confondu, entassé, — *Ossa sur Pélion, Pélion sur Ossa*, — où l'on trouve à la fois de délicieuses peintures et de sinistres tableaux, une fantaisie de Raphaël et une toile de Zurbaran, le peintre des sublimes horreurs; où les plus douces choses sont mêlées aux plus palpitantes; où la joie et la crainte, l'ivresse et l'anxiété, le sourire et les larmes, s'en vont de compagnie, comme dans ces drames immenses où le génie de Shakspeare a si puissamment résumé notre pauvre vie humaine ?

Pour moi, qui viens d'y assister, je ne sais, à cette heure, si je dors éveillé ou si je veille dans un demi-sommeil. Est-ce la fièvre? est-ce le délire? est-ce du sang ou des fleurs que je vois à mes pieds? sont-ce des cris de joie ou des cris de douleur, les bruits de l'ovation ou le râle des mourans qu'il me semble toujours entendre? Est-ce, en un mot, une fête ou un drame réel dont j'ai été aujourd'hui le témoin?

Vous allez en juger.

A peine le jour venait-il de paraître que la population tout entière de Pampelune était déjà sur pied. De nombreux étrangers, des touristes de tous pays, accourus des eaux minérales des Pyrénées pour assister à l'entrevue royale, ajoutaient encore à ce grand mouvement. Les habitans des campagnes, parés, comme aux grands jours, du pittoresque costume navarrais, descendaient par joyeux essaims de leurs rudes montagnes, et venaient se mêler à la foule des citadins.

Pourquoi donc cet empressement, cette affluence, cet immense concours? — On a dit que la Reine devait offrir à ses hôtes de France le national spectacle d'un combat de taureaux; et cet appel magique, ces mots irrésistibles pour tout bon Espagnol, avaient couru, la veille, de vallée en vallée, de chaumière en chaumière.

Je vois déjà d'ici nos philanthropes de France, nos *vertueux* de l'opposition, nos humanitaires de 93 qui se sont amusés à égorger, par vertu, bien autre chose, ma foi, que de simples taureaux; je les vois se tordre dans une sainte horreur, à ce seul nom de *combat*, de *spectacle sanglant*.

Franchement, je préfère encore ces jeux de nos voisins aux jeux épouvantables, souillés de sang humain, qui charmaient les beaux jours de nos *bons* terroristes; je préfère mille fois les *bravos* populaires de l'arène de Pampelune aux tristes saturnales de notre place de la Révolution. Dites cela, Monsieur, à nos intolérans puritains de la gauche, quand ils prendront leurs beaux airs de coquettes, de petites-maîtresses bien nerveuses et bien pudibondes, au sujet de la fête que LL. MM. d'Espagne offrent aujourd'hui à nos princes.

D'ailleurs, la jeune souveraine et son gouvernement ont fait preuve, en ceci, d'une déférence profonde pour les mœurs nationales, pour ces traditions des vieux jours, qui, en se perpétuant parmi les Espagnols, en ont fait le seul peuple, peut-être, conservant encore en Europe son originalité, sa couleur, son caractère propres.

Par grâce, ayons donc un peu moins l'hydrophobie du progrès, de ce progrès vandale qui tue tout, qui décolore tout, qui, sous le prétexte de marcher en avant, à la conquête de la lumière, nous enlève nos mœurs, nos traditions, notre physionomie, qui nous ravit surtout le plus actif élément de la vie, la poésie des grandes émotions.

« Souffrir c'est vivre, » a dit je ne sais quel penseur. Quelle nation, quel homme emmaillotté dans les langes du prétendu progrès illimité, monotone, sans péripéties, qu'on veut nous imposer, pourrait s'écrier : J'ai vécu !

Qu'elle garde donc ses plaisirs avec ses traditions, cette vieille terre d'Espagne, où toute poésie n'est pas encore déflorée! N'a-t-elle pas, pour adoucir ses mœurs, son beau ciel pur qui lui parle de Dieu, son blond soleil, son air parfumé et suave, ses belles femmes qui font rêver d'amour? n'a-t-elle pas encore ses croyances et sa foi sainte, et cette religion qui porte avec ses dogmes le germe impérissable de toute charité? Je ne sache pas que le culte des vieilles traditions ait arrêté la nation espagnole dans ses progrès récens, accomplis sous l'empire de la forme constitutionnelle; je ne sache pas que ses souvenirs aient paralysé dans le présent sa régénération politique et sociale.

Le goût des Espagnols pour les combats de taureaux remonte, à ce qu'on assure, à l'antiquité la plus reculée. Long-temps avant l'époque de la période romaine, le *toreador* nous apparaît dans les vieilles légendes. Quand les *maîtres du monde* ont conquis l'*Hespérie*, nous retrouvons encore le même *toreador* remplaçant dans les cirques le gladiateur des païens, et le taureau substitué à la victime humaine. Un moment, la chevalerie introduit, au moyen-âge, le goût exclusif des tournois; mais bientôt la *corida* ressuscite, par toute l'Espagne, de son oubli momentané, pour reconquérir à jamais sa place dans la faveur du peuple.

On peut dire aujourd'hui que c'est une fièvre innée, inoculée dans le sang. Dès qu'un spectacle de ce genre est annoncé dans une ville, cette fièvre devient du délire, et il est d'usage de prétendre, en Espagne, qu'un habitant de Séville vendrait plutôt sa chemise que de manquer la *corida*. Le peuple de Pampelune m'a paru, il est vrai, plus pudique en cela que le susdit habitant de Séville; mais ce que je puis vous dire, c'est que j'ai vu ici des hommes, des enfans et des femmes, ces dernières en très grand nombre, renoncer pour la course à prendre leur repas.

Vous avez lu sans doute le poétique tableau des combats de taureaux que nous a laissé notre aimable Florian dans *Gonzalve de Cordoue?* L'écrivain français n'a rien exagéré, et sa description est encore d'une exactitude parfaite. Comme lui, j'ai vu s'agiter des milliers de têtes avides; comme lui, j'ai entendu battre tous ces cœurs impatiens, toutes ces mains convulsives, à l'approche de la victime vouée d'avance à la mort. J'ai vu, la veille, passer sous ma fenêtre, au milieu d'un brillant cortége, ces fougueux animaux aux formes majestueuses, au large et robuste fanon, aux cornes menaçantes, que d'intrépides montagnards amenaient triomphalement des pâturages de Tudela ou des fraîches solitudes de Peralta.

J'ai retrouvé aussi ces hardis *picadores*, au riche uniforme bardé de fer, d'argent et d'or, avec l'arme légère qui leur sert pour l'attaque, et qu'ils nomment la *garocha;* les *chulos* au léger costume, agitant dans leur main la longue écharpe de couleur éclatante qui doit harceler l'ennemi et aiguiser sa rage; puis enfin, les rois de la fête, les demi-dieux du cirque, les vaillans *matadores*, à qui est réservé l'honneur de porter le coup fatal.

Le *matador* est une des splendeurs, une des gloires consacrées de l'Espagne. Roi d'un joyeux royaume, il possède, lui aussi, comme tous les rois, ses historiens et son histoire à part. C'est là que nous voyons combien, en général, ont été courts ces règnes périlleux. La plupart des *matadores* ont péri dans l'arène où ils avaient grandi. On cite notamment le fameux Romero, surnommé *Flor de las espadas* (Fleur-des-Épées), dont la mort a fait époque dans les fastes du cirque.

Romero, jeune encore, mais couvert de blessures, vivait paisiblement dans une honnête aisance, loin du théâtre de ses exploits, quand la Reine d'Espagne, femme de Charles IV, qui avait été sa protectrice, désira le revoir. Mais, hélas! on ne reprend guère le sceptre que l'on a abdiqué. Fleur-des-Épées l'avait senti lui-même; il hésita long-temps. « Je répugne, disait-il, à tenter le bon Dieu. »

Cependant sa souveraine avait dit : « Je désire; » c'était un ordre pour lui. Il reparut dans l'arène pour ne plus en sortir vivant. Frappé au cœur par un taureau sauvage qui le promena long-temps autour du cirque, il expira sous les yeux de la cour. La seule marque d'estime et de regret que lui accorda la multitude, fut de ne pas le huer dans sa mort : triste reconnaissance de cet ingrat collectif qu'on nomme *tout le monde !*

Aujourd'hui l'héritage du vaillant Romero a été recueilli par le fameux Montès, la célébrité de l'époque, *l'invincible épée* de son temps, la plus haute, la plus populaire, et, je dois dire aussi, la plus légitime renommée de l'Espagne dans ce genre d'illustration. Montès vivait également retiré dans ses terres, non loin de Siclana en Andalousie, lorsqu'un mot de Sa Majesté a suffi pour le rappeler aux vanités du cirque. Sa *Seigneurie* Montès a bien voulu se rendre au désir de sa Reine. Partez donc, ô grand homme, ô Lekain, ô Garrick, ô Talma de l'arène; soyez sujet fidèle, et soumis et dévoué, comme le fut Romero ; vous serez plus heureux que lui !

Pardonnez-moi, Monsieur, cette courte digression en faveur du haut personnage, du héros tout spécial qui a joué l'un des principaux rôles dans la fête royale. En France, tout cela pourrait sembler superflu; mais n'oubliez pas que je vous entretiens d'une gloire trans-pyréenne. Montès est ici comme un événement : on y parle de lui comme nous parlerions chez nous d'un grand comédien, si nous en possédions encore. On interroge ceux qui l'ont déjà vu; on s'étonne d'apprendre que ce géant du cirque, ce terrible pourfendeur de bêtes à cornes, est tout uniment un vulgaire mortel, un homme comme un autre, de cinquante-deux ans environ, de moyenne stature, n'ayant rien qui indique cette force, cette vigueur, cette étonnante agilité, qui lui ont valu le titre de premier *toreador* d'Espagne.

Le grand nom de Montès, joint au désir de voir LL. MM. et les princes français, dont l'éloge est ici dans toutes les bouches, vous explique l'empressement de la population à se rendre à la course. Long-temps avant l'heure fixée pour la fête, une masse compacte de peuple se pressait sur la place de la Constitution, où est situé le Cirque. Ce bâtiment, de construction moderne, se compose d'une immense enceinte circulaire, à l'intérieur de laquelle règne une vaste galerie de loges et un pourtour à dix rangs de gradins recouverts par un étage supérieur. Un parterre découvert s'ouvre spacieux et large vers les plans inférieurs qui se trouvent garantis par des rampes solides. On a disposé, en outre, le long du parterre, en dedans de l'arène, une barrière de planches prudemment peintes en rouge, et formant un hémicycle qui sert au besoin de refuge aux acteurs (je veux dire aux combattans) que serre de trop près la corne du taureau.

A peine les portes ont-elles été ouvertes, que l'enceinte s'est trouvée envahie en un clin d'œil. Les spectateurs n'allaient pas à leurs places, ils y étaient portés par des milliers d'épaules : vous eussiez dit une mer qui a rompu ses digues, qui pénètre, bon gré mal gré, par toutes les fissures.

Midi était l'heure fixée pour la course. En attendant, je me suis procuré un spectacle non moins curieux, le seul, à vrai dire, qui pût m'intéresser, en l'absence de la cour. Rien de pittoresque, d'étrange, de mouvementé, d'inconnu à nos mœurs, comme cette forêt de têtes, de visages épanouis qui s'agitaient, criaient, vociféraient de bonheur aux places inférieures. Rien ne troublait alors le laisser-aller, le sans-gêne de leur bruyante gaîté. La loge royale était encore vide et cachée dans ses soyeuses tentures ornées de riches franges et surmontées des couleurs de France et d'Espagne. Les balcons et les galeries destinés à la classe riche se garnissaient lentement. Tout ce peuple ne songeait pas encore à lever au dessus de lui ses yeux et sa pensée, à les reporter tristement vers sa sphère, en se disant : — Que suis-je?

Aussi, quel ravissement que le sien, quel abandon de

soi-même au présent, quel oubli de la veille, quelle insouciance du lendemain! C'est une tempête, un tonnerre, un mugissement de gros rires, de voix bien débraillées, bien retentissantes de joie; ce sont les plus bouffonnes, les plus excentriques, les plus diverses physionomies qu'on puisse imaginer; de longues lignes serrées, confondues, d'ouvriers endimanchés, de robustes montagnards sans veste, la poitrine mi-nue, la tête enveloppée d'un mouchoir aux couleurs tranchées; des femmes, des enfans, des soldats de toutes les armes; et, au milieu de tout cela, passant de main en main dans cette masse grouillante, une énorme peau de bouc remplie d'un vin peu généreux sans doute, mais dont on pourrait dire, avec Victor Hugo, en voyant la franche expansion de tout ce monde-là :

« . . . . . Ce vin n'est pas celui d'un méchant homme. »

Peu à peu cependant les places supérieures se garnissent de spectateurs. Le silence se rétablit, autant qu'il est possible à toutes ces natures exaltées et fiévreuses; puis ce n'est plus qu'un bourdonnement vague, comme celui d'un grand lac qui s'apaise; puis tout cela se change en je ne sais quel murmure flatteur, quels chuchottemens sympathiques qui vont et viennent au milieu de la foule. Toutes les têtes se tournent respectueusement vers les deux loges élégamment ornées, à droite et à gauche de la loge royale. Les deux ministres de S. M., présens à Pampelune, viennent d'y prendre place.

Dans la première, paraît Son Excellence le maréchal Narvaez, président du conseil, en compagnie de M. le duc de Rianzarès, grand d'Espagne, et de Madame la comtesse Bresson; à gauche, se place Son Excellence M. Martinez dela Rosa, ministre des affaires étrangères, avec M. l'ambassadeur de France. On remarque aussi dans les loges suivantes, M. Daru, pair de France, M. Paul Daru et M. Chégaray, députés, les généraux Harispe et Jacobi, M. Édouard Dotézac, colonel de la garde nationale de Bordeaux, et un grand nombre d'officiers ou fonctionnaires français.

La sollicitude pleine de réserve, le sentiment de respectueuse convenance avec lequel cet auditoire, naguère si bruyant, accueille les deux membres les plus influens du cabinet actuel, sont remarqués par tous les étrangers qui assistent à la fête. C'est le plus sûr témoignage rendu à deux talens illustres, car ce témoignage descend de l'autorité populaire, des grands instincts de la masse. Cette masse, Monsieur, libre d'instigations, livrée à elle-même, à ses sentimens propres, à son gros bon sens collectif, cette masse est toujours bon juge en pareille matière. Je suis sur ce point de l'avis de M. de Talleyrand, qui s'écriait un jour, dans sa vieille expérience des hommes et des choses : « Il est quelqu'un, Messieurs, qui » a plus d'esprit que nous tous; et ce quelqu'un, c'est tout » le monde. »

M. le maréchal Narvaez, malgré les longs soucis et les rudes labeurs du pouvoir, a conservé dans toute sa personne une remarquable accentuation de force et d'énergie. L'ovale sévère de sa physionomie, son teint pâle et un peu souffrant, son œil vif d'où jaillissent d'intelligens éclairs, ses épaules larges, carrément découpées et puissamment assises sur une taille moyenne, tout cet ensemble, d'une belle enveloppe qu'habite la douleur, où la souffrance physique lutte inutilement contre une pensée forte, révèle tout d'abord la volonté active, le courage opiniâtre, solidement trempé, dont le maréchal Narvaez a donné tant de preuves.

Quel grand empire ne lui a-t-il pas fallu sur les événemens, sur les hommes et sur lui-même, pour résoudre en Espagne deux problèmes qui, avant lui, avaient paru insolubles : le désarmement des partis, l'organisation de l'armée? La moitié de cette œuvre immense suffirait à la gloire d'un ministre de la guerre.

En vous parlant du maréchal Narvaez, j'ai nommé implicitement M. Martinez de la Rosa. Ces deux noms sont inséparables dans les pacifiques conquêtes que poursuit aujourd'hui le gouvernement constitutionnel et modéré en Espagne. Vous av· eu l'avantage de connaître à Paris M. Martinez de la Rosa ; vous avez apprécié cet esprit éminent, riche de tant de choses, si varié, si complexe, aux allures, aux goûts, aux mœurs et au langage si bien français chez nous, au dévoûment éclairé, au patriotisme si pur, si persévérant, si profond en Espagne.

Enfant gâté de Dieu dans sa belle organisation, homme éprouvé par les hommes dans sa vie politique, il a, bien jeune encore, parcouru la terrible échelle de la gloire et de l'infortune, connu tous les revers, toutes les prospérités, tous ces brusques retours d'existence qui semblent attachés à l'histoire du monde, comme la condition fatale des grandes renommées. Arrivé aux affaires par ces ardus sentiers, M. Martinez de la Rosa a dû nécessairement apporter dans la pratique gouvernementale les précieuses ressources d'une intelligente expérience.

Si le lieu était mieux choisi, je vous dirais les services rendus par M. Martinez de la Rosa à l'Espagne et au trône constitutionnel de la reine Isabelle II ; je vous dirais quel esprit large et droit, quelle appréciation parfaite des besoins généraux de la Péninsule, quelle politique sûre, hardie et modérée à la fois, basée sur une connaissance exacte, approfondie de l'Europe nouvelle, a pu rendre à l'Espagne d'honorables et avantageuses relations extérieures, la reconstituer politiquement sur la carte, la faire rentrer avantageusement dans la famille des grandes puissances.

Mais comment vous entretenir de telles choses, en un pareil moment, quand mon esprit ne s'appartient plus, quand les événemens, — et quels événemens! quand le drame, —et quel drame! sont là qui me sollicitent, qui me pressent et m'emportent bien loin des régions du monde politique? Rêvez donc, si vous le pouvez, rêvez au grand art de gouverner les hommes, quand des milliers d'hommes sont là autour de vous, ne sachant plus se gouverner eux-mêmes, ne sachant plus maîtriser leur turbulente impatience!

Les ministres de Sa Majesté, en habits de ville, ont pris place dans les loges qui leur étaient réservées. La musique militaire a salué leur entrée. Bientôt, à cette musique succède une harmonie étrange, un je ne sais quoi de chevrotant, de rachitique et de grêle, qui se perd, comme la voix maigre et tremblante d'une vieille femme, au milieu de toutes les voix stridentes et robustes du peuple : c'est l'instrument national, le traditionnel tambourin de Navarre, qui mêle ses *rons-rons* au gazouillement du fifre, et annonce l'arrivée de l'*Ayuntamiento* (la municipalité). Le grave cortége, précédé de ses huissiers portant le double tambour de basque couvert d'une tapisserie où se trouvent les armes de la ville, vient s'installer au centre du cirque, au dessous de la loge royale. Je vois aussi paraître les trois députés aux Cortès et les députés provinciaux en costume officiel.

L'heure approche pourtant; le sang qui va couler bientôt semble pousser d'avance ses enivrantes fumées à la tête des spectateurs. Les flots humains s'agitent de nouveau aux places inférieures; on réclame la victime, on s'impatiente, on crie; quand ce mot magique, ce mot qui à lui seul peut calmer la tempête, retentit dans le cirque :

LA REYNA!

Tout le monde se lève. Les hallebardiers, dans leur riche uniforme qui rappelle celui de nos suisses de cathédrales, se rangent aux abords de la loge royale. Sa Majesté paraît, conduite par Monseigneur le duc de Nemours. Monseigneur le duc d'Aumale accompagne la Reine-mère et Madame la duchesse de Nemours, à qui la jeune souveraine offre gracieusement la place d'honneur à sa droite. Monseigneur le duc d'Aumale occupe la droite de Madame la duchesse de Nemours; puis vient S. A. R. l'infante Luisa.

La jeune Reine porte une robe noire qui lui sied à ravir, une mantille blanche de la plus riche dentelle, et une simple rose enlacée dans ses beaux cheveux noirs. La Reine-mère et l'Infante ont une mantille semblable, ainsi que Madame la duchesse de Nemours qui, par un à-propos plein de délicatesse, a voulu se conformer à la toilette de son hôte royale. Du reste, la toilette lui rend bien cette déférence; notre jeune princesse est charmante sous la mantille qui encadre heureusement la douce expression de son visage.

Nos princes sont en habits de ville de la tenue du matin. Ils sont successivement salués par le maréchal Narvaez, MM. Martinez de la Rosa, le comte Bresson, les généraux Pavia, Urbistondo, Concha, et autres officiers généraux qui ont quitté leurs loges pour venir se placer derrière LL. MM.

Les cris de *Viva la Reyna!* ont accueilli l'entrée de LL. MM. et des princes. Les tambourins de l'Ayuntamiento ont fait un roulement qui a rétabli le silence, immobilisé cette foule, arrêté, pour ainsi dire, le mouvement du sang dans tous ces cœurs.

C'est le signal du combat!

Alors paraît la *cuadrilla* (troupe) des *toreadores*, qui vient en ordre de bataille s'incliner, le genou en terre, devant la loge où sont LL. MM., et demander à leur souveraine un de ces gestes bienveillans qui donnent bon courage. Un frémissement soudain s'est emparé de moi, en voyant ces hardis jeunes hommes, dont la plupart peut-être allaient bientôt mourir, solliciter ainsi la faveur d'un trépas sanglant. Soyez donc pour eux le bon ange qui soutient et qui fortifie, soyez la dame de leur pensée, ô Reine, auguste jeune fille, Majesté au front pur où rayonne le triple éclat de l'heureuse jeunesse, de la beauté et du trône! Reine, un de vos regards, Reine, un de vos sourires à ces volontaires gladiateurs qui vous saluent peut-être pour la dernière fois; Reine, *te morituri salutant!*

A la tête du cortége, tous les regards se fixent sur un homme de petite stature, aux larges épaules, à la taille cambrée, aux muscles vigoureux, richement vêtu d'un gilet de drap d'or, d'une veste de soie, les cheveux artistement emprisonnés dans la gracieuse résille des Espagnes, et portant sous le bras, en guise de manteau, une étoffe jaune et rouge connue sous le nom de *capa*, dont se servent les *toreadores* pour stimuler la fureur du taureau. « Montès! voici Montès! » se sont écriés à sa vue les douze ou quinze mille spectateurs qui garnissent la vaste enceinte; et un tonnerre d'applaudissemens accompagne le César du cirque au pied de la loge royale. Mais que César succombe, qu'un coup mal visé le livre tout à l'heure à la colère du taureau indompté, César sera hué par cette multitude qui l'exalte à présent. C'est le roman obligé de la gloire.

Après le salut de la *cuadrilla*, composée extraordinairement pour la solennité, de deux épées ou *matadores*, six *chulos* et *bandilleros*, un *puntillero* et cinq *picadores*, deux hommes vêtus de noir s'avancent et s'agenouillent devant le balcon royal; ils demandent, chapeau bas, la clé de la loge où sont enfermés les taureaux. Sa Majesté a voulu pour cette fois renoncer à son privilége en faveur de Madame la duchesse de Nemours. S. A. R. jette la clé à l'un des hommes noirs, qui la lance à son tour à l'homme préposé à la garde de la porte; puis tous deux se retirent en saluant de nouveau. Les *picadores* sont à cheval, placés le long de l'arène, à distance ; le reste de la troupe, Montès en tête, est à l'extrémité supérieure de l'enceinte.

Ce moment, je vous jure, a quelque chose de solennel : c'est un calme affreux qui fait peur, c'est l'anxiété, le lugubre silence qui précède l'orage. Tous les yeux sont tournés vers la fatale porte. Elle s'ouvre... l'homme chargé de ce soin périlleux s'en couvre d'abord, puis s'esquive à la hâte en escaladant la barrière voisine.

Un premier taureau se présente ; d'un seul bond il est dans l'arène, qu'il parcourt et dévore avec une effroyable impétuosité ; puis il s'arrête, regarde autour de lui. Où est-il ? où l'a-t-on conduit ? que lui veulent ces voix humaines qu'il n'a jamais ouïes ? pourquoi l'a-t-on ravi à ses pâturages heureux, aux libertés sauvages de sa vie, à ses torrens et à ses montagnes, à ses rochers escarpés et déserts que son pied foulait seul, où seul il vivait libre et fier comme le roi de la solitude ?

Un mannequin de couleur rose est placé au centre de l'arène ; ses vives nuances excitent le taureau, qui se précipite sur cette vaine image, la perce d'outre en outre, et fait envoler de ses flancs un joyeux essaim de colombes et de petits oiseaux que l'on y avait renfermés. La déception du fougueux animal, qui n'a frappé qu'un corps inanimé, soulève les bravos et les rires de la multitude. Pauvre majesté de la force brutale, on t'a tuée par le ridicule, avant de te tuer par le fer !

Cependant le taureau semble comprendre l'affront qui lui est fait : sa colère s'en est accrue ; une haleine déjà brûlante jaillit sourdement de ses larges naseaux ; ses yeux hagards s'injectent d'un sang livide ; ses flancs se gonflent, ses mugissemens étouffés annoncent sa fureur : tout cela est de bon augure. Alerte donc, alerte! combattans; la victime vous vendra cher la première goutte du sang promis à l'hécatombe.

Bueno! bueno! a crié le peuple en voyant le pauvre animal diriger contre un simulacre les premiers accès de sa rage inutile. Deux *picadores* l'ont déjà frappé de leur lance mince et légère; les *chulos* sont venus ensuite, agitant devant lui leurs manteaux aux vives couleurs qu'il poursuit vainement, comme Ixion poursuivait son nuage, sans pouvoir rien saisir. Sa rage est impuissante; son œil hébété, sanguinolent, avide, cherche de tous côtés un adversaire à broyer sous ses pieds. Ce hardi jouteur, cet audacieux athlète, il l'a enfin trouvé... Montès est devant lui!

J'ai compris alors l'admiration du peuple pour son toréador. Montès est autre chose qu'une vaillante épée : c'est un lutteur plein de goût et de grâce, un artiste dans toute l'acception de ce mot.

Oui, il faut un grand art, un art admirable pour arriver à cette perfection, à ces passes légères, élégantes et sans efforts, qui, moins gracieuses, feraient frémir, et dont on oublie les périls, en admirant leur parfaite élégance. Montès jette la *capa* avec une grâce admirable. Le taureau se précipite, effleure en passant son léger adversaire qui rit de sa fureur, et voit lui échapper l'objet qu'il croit tenir. Montès le lui tend une seconde fois; une seconde fois le terrible animal ne saisit que le vide : lutte gracieuse et terrible à la fois, où l'adresse de l'homme se joue, comme en riant, de la force inintelligente.

Ce n'est pourtant que le prélude, le palpitant prologue du triomphe de Montès. Ces *bravos* que lui jette la multitude ravie, il les accueille avec un regard fier qui veut dire : Attendez encore!

Les *bandilleros* arrivent. Leur spécialité dans les courses consiste à enfoncer dans les premières blessures du taureau des javelines entourées de papier de différentes couleurs. Ceux-ci s'acquittent de leurs fonctions avec une excessive adresse. C'est surtout vers l'épaule qu'ils dirigent leur fer. Le taureau, que font écumer ces nouvelles douleurs, agite convulsivement son col large et puissant, frappe du pied le sable de l'arène qu'il fait voler au loin, bondit, s'élance en mugissant et enfonce dans les palissades ses deux cornes aiguës.

Ici survient un terrible épisode. Un picador arrive, bride abattue. Son cheval, qu'il presse et excite, s'arrête un moment en face du taureau qui vient, furieux, le cou tendu, les cornes abaissées, lui déchirer le flanc. Le coursier est abattu, le sang s'échappe à flots de sa large blessure, et tandis que son cavalier s'éloigne en toute hâte, le triste animal tourne vers lui un dernier et douloureux regard.

« Ce noble ami, plus léger que les vents,
« Il dort couché sur les sables mouvans. »

Cependant l'assemblée a jugé le taureau assez furieux pour mourir. Montès s'avance vers la loge royale et demande, en s'inclinant, la permission de le tuer. Une large épée brille dans sa main droite. La Reine fait un signe de consentement et l'intrépide *matador* se présente au taureau en lui jetant toujours son étoffe devant les yeux. Bientôt, l'énorme animal chancèle et tombe mort. Montès vient de le tuer du premier coup, aux applaudissemens frénétiques du peuple.

Le corps de la victime est emporté au galop par un attelage de trois mules de front richement caparaçonnées. Les chevaux qui ont succombé sont emportés de même, mais simultanément, par un semblable attelage.

Ainsi s'est terminé le premier acte. On répand du sable

sur les traînées du sang, et le deuxième taureau est introduit au signal du tambourin.

Il veut fuir le combat. De toutes parts on crie : *Los peros! los peros!* les chiens! Néanmoins, à force de provocations, il s'anime, et, piqué, il se jette sur le premier picador qu'il rencontre, renverse son cheval et l'homme dessous. Le picador se relève ; le cheval n'est que blessé. Il revient vers le taureau qui retombe sur lui et lui casse une jambe. Montès le provoque avec le drap rouge. Le taureau le poursuit jusqu'à la rampe que Montès franchit en tombant à terre. Les bandilleros lui attachent les javelines. Il écume, mais refuse le combat. La *seconde épée* ou *matador*, vient demander devant la loge royale à le tuer ; c'est Juan Martin dit *la Santerra*. Il s'avance vers le taureau, tenant de la main gauche une flamme rouge, de l'autre une épée à lame plate. Il présente son linceul à l'animal, lui porte un coup d'épée au dessus de la tête, et le manque. Des huées lui arrivent de toutes parts. Aux deuxième et troisième coups, même insuccès. Le malheureux matador est couvert de honte et de confusion. Ce n'est qu'au quatrième coup qu'il a atteint l'animal.

Le troisième taureau n'a pas été plus brave que le second. Ce n'est qu'après beaucoup de provocations qu'il a accepté le combat avec un picador, monté sur un cheval blanc qui a eu les deux jambes de derrière brisées.

Montès a déployé là toute son adresse. Ses tours sont incroyables. Il faut les avoir vus pour s'en faire une idée exacte. Au second coup, le taureau tombe mort. *Bueno! bueno!* crie-t-on partout. Les hommes mêmes de la plus haute société applaudissent frénétiquement. L'endroit où il s'agit de frapper l'animal, pour le tuer sur le coup, est très restreint. C'est sur la tête, un peu au dessous des deux cornes.

Le quatrième taureau est un peu plus furieux que les

deux précédens. L'auditoire s'en réjouit. Dix *chulos* lui jettent successivement leurs manteaux. Il engage la lutte avec deux *picadores,* éventre un cheval et renverse l'autre sur son cavalier. Au moment où celui-ci cherche à débarrasser ses pieds des étriers et à se relever, le taureau vient sur le *picador*, qui est encore étendu sur le sable. Une fiévreuse anxiété se répand dans quelques parties de l'auditoire. La Reine détourne ses regards; madame la duchesse de Nemours se couvre la figure de son mouchoir; les princes se tournent de l'autre côté.

Montès accourt distraire l'animal en temps opportun, en le tirant par la queue. On peut relever le picador, qui se retire en boitant et en se tenant les flancs. Au silence qui régnait dans tout l'auditoire, succèdent les applaudissemens, quand on voit ce malheureux relevé vivant. La reine, Madame la duchesse de Nemours partagent la satisfaction générale en applaudissant.

L'animal perce le flanc d'un autre cheval. Son cavalier reste dessus jusqu'à ce qu'il sente le malheureux animal s'affaisser tout à coup. Montès revient vers le taureau, lui jeter sa *capa*. Il est presque atteint par son adversaire; il n'a que le temps de se jeter au dessus de la balustrade. Après que les *bandilleros* lui ont attaché les traits de papier, il est tué du second coup d'épée. Le *matador* est hué pour l'avoir manqué au premier coup.

La course du cinquième taureau a présenté un incident remarquable. Le premier cheval qui est entré en lice est éventré d'un seul coup de corne. On essaie en vain de le relever, ses entrailles traînent à terre. Néanmoins, ce pauvre animal, auquel on a ôté le bandeau que l'on met à tous les chevaux des picadores, lève à plusieurs reprises la tête et fixe les spectateurs. Il est achevé par le taureau, qui se rue sur lui, et s'attaque à un second cheval, auquel il porte quatre coups de cornes. Au moment où les *bandil-*

leros lui attachent les javelines, trois pigeons blancs s'échappent des fusées de papier qui sont jointes au fer planté dans le dos de l'animal, et vont se percher devant la Reine, qui les prend ; le duc et la duchesse de Nemours les prennent successivement et les caressent. Sa Majesté ordonne de conserver ces pigeons avec soin pour les transporter avec elle à Madrid. Le duc de Rianzarès et M. Martinez de la Rosa les examinent et les remettent au majordome de Sa Majesté. Cette particularité a déridé un instant l'auditoire ; car personne ne rit, ne bâille, ni ne cause pendant ce spectacle. C'est une suite d'émotions vives et acérées, accompagnées d'acclamations ou de huées.

Montès a fait tomber l'animal raide mort d'un second coup d'épée. Il l'avait manqué au premier.

Au sixième taureau, un *picador* a été renversé de cheval par l'animal furieux ; son corps a porté contre la rampe, et on a cru qu'il avait eu une côte brisée. Un autre *picador* a été précipité sous son cheval, qui est mort sur le coup. Le parterre était furieux contre le matador, qui a porté quatre coups à l'animal sans le tuer. Le troisième coup a pénétré de part en part ; le taureau perdait des flots de sang ; ses entrailles traînaient à terre : il a fallu un autre coup pour l'achever. Que de malédictions le *matador* s'est attirées !

Le septième taureau devait être sacrifié par douze garçons meuniers, armés de longues et fortes perches, au sommet desquelles se trouvait une pointe très aiguë. Il est d'usage ancien qu'à chaque course l'un des taureaux tombe sous l'action des *mozos molineros*. Ces douze jeunes gens, en pantalon blanc, sans veste, avec chemise blanche, et ayant un mouchoir noué autour de la tête, s'avancent de front devant la Reine, s'agenouillent, et font le salut en ôtant le bandeau qui ceint leur tête et en couchant à terre leur lance. Le taureau est introduit couvert d'une couche de farine, qu'il a bientôt secouée. Les douze hommes sont rangés de front et poursuivent l'ennemi tous ensemble. A la première piqûre, l'un d'eux a été renversé sur la rampe et blessé. Deux secondes après, un autre a reçu des coups de tête et a été piétiné par l'animal. Il était comme mort : on l'a relevé et conduit hors de l'arène. On m'a assuré depuis que ses blessures n'avaient aucune gravité.

On ne comprend pas la témérité de ces malheureux, que l'appât de quelque gain conduit dans l'arène. Ils ont, me dit-on, dix mille francs à partager entre eux pour cette opération. C'en était fait des pauvres *molineros*, si un *toreador* n'était venu achever le taureau.

La reine Isabelle a constamment prêté une grande attention à ce spectacle. Les amateurs de la *corida* étaient furieux contre le peu d'entrain des taureaux. Ils auraient voulu des taureaux de la Manche, parce que avec ceux-ci il y a toujours lutte longue et sanglante.

La Reine est sortie, conduite par M. le duc de Nemours. S. M. est montée en calèche découverte ; elle avait à sa droite Madame la duchesse de Nemours, en face le prince. La Reine-Mère, l'Infante et M. le duc d'Aumale étaient dans une seconde voiture. LL. MM. ont accompagné LL. AA. RR. jusqu'à leur hôtel; elles se sont ensuite rendues à leur palais.

LL. MM. et LL. AA. RR. sont revenues au cirque, à cinq heures, une heure après la course aux taureaux, pour assister au tournoi que devaient donner les officiers des corps. La reine était en robe blanche, et les deux princes avaient la grande tenue de ville. La plus grande partie des places étaient occupées par les militaires. Chaque régiment avait une place distincte. La variété de tous ces uniformes présentait un ensemble agréable.

Le tournoi est présidé par trois juges, vêtus de robes

noires avec crachats rouges sur le côté droit. A droite et à gauche du cirque sont deux tentes : l'une est celle des Arabes, l'autre celle des croisés. Chacun de ces camps est composé de six cavaliers.

A l'entrée des Reines, les deux quadrilles, précédés chacun d'une musique analogue à l'époque historique, se mettent en marche et viennent saluer le balcon royal, en demandant la permission de commencer le combat. Chaque cavalier est suivi d'un écuyer à pied, armé d'une lance.

Au combat succède une fête à laquelle prennent part douze autres cavaliers, portant des costumes des règnes de Louis XV et de Philippe IV. Cette fête consiste en courses de bague, de rubans, de bouquets ; puis vient le jeu de la lance. La reine a donné les prix : ce sont des médailles d'or et d'argent aux armes royales, et portant le nom d'Isabelle II, reine d'Espagne. Le plus grand goût a présidé à la confection des costumes de chaque acteur. Les chevaux étaient beaux et gracieusement ornés.

Les Reines et LL. AA. RR. ont quitté la salle à sept heures, aux cris de : *Viva la Reyna!* et se sont rendues au palais pour dîner. Dans ce dîner de quarante couverts, la Reine était au centre du fer à cheval que formait la table. A sa droite se trouvait Madame la duchesse de Nemours ; à sa gauche, M. le duc d'Aumale. Le président du conseil, Madame la comtesse Bresson, M. le duc de Rianzarès et Madame la comtesse de Belscoain étaient à la droite de M. le duc de Nemours. L'Infante Luisa, M. le comte Bresson, ambassadeur de France ; Madame la marquise de Valverde, M. le marquis de Malpica étaient sur la ligne de gauche.

La Reine-Mère était sur l'autre rang, en face de la Reine. A sa droite étaient M. le duc de Nemours, Madame la marquise de Santa-Cruz, M. le général Arana, M. le comte

Jamin et M. le duc de la Rocca. A sa gauche étaient M. le ministre des affaires étrangères, Madame la comtesse d'Oraison, M. le capitaine-général Pavia, M. le général Boyer, etc.

Après le dîner, à neuf heures, LL. MM. et LL. AA. RR. sont allées au théâtre; elles ont pris place sous le péristyle pour voir les feux d'artifice, dressés en face, sur la fontaine de la place de la Constitution. Plus de 40,000 âmes encombraient alors la place, les balcons et les fenêtres des maisons, qui toutes étaient illuminées et pavoisées. On n'avait jamais vu pareille réunion à Pampelune.

Vingt-huit figures ont été représentées par le feu d'artifice. On a remarqué les deux roues imitant le soleil et la lune en plein quartier, un triangle de trois soleils se terminant par un éclat de pierres précieuses, la croix de Malte avec ses décors, le lever du soleil, les seize fusées volantes s'élevant en même temps en l'air, deux palmes aux bouquets étincelant de feux, et trois transparens figurant les couleurs nationales de l'Espagne et de la France réunies, et portant les inscriptions suivantes :

PAMPELUNA A SU REYNA ISABELLA II Y SU AUGUSTA FAMILIA.
A SS. AA. RR. LOS DUQUES DE NEMOURS.
A S. A. R. EL DUQUE D'AUMALE.

Le feu d'artifice s'est terminé par un combat naval de trois frégates contre un fort, placé sur la fontaine. Une illumination de la forteresse a succédé à cette figure, qui a été parfaitement représentée. Plusieurs personnes y ont cru voir le tableau du combat de Magador.

Les danses des montagnards se sont établies à la lueur des torches et prolongées jusqu'à onze heures. LL. MM. et LL. AA. RR. ont assisté à d'autres danses qui ont été exécutées au théâtre par les acteurs et actrices. Un boléro a été dansé avec beaucoup de succès.

LL. MM. et LL. AA. RR. sont rentrées au palais à onze heures et un quart. Les princes et la princesse ont conduit LL. MM., et se sont ensuite rendus à leur hôtel. Les Reines et l'Infante ont reçu plusieurs grands personnages et des Français présentés par l'ambassadeur de France. On a remarqué parmi eux M. Ed. Dotézac, colonel de la garde nationale de Bordeaux, et M. Chegaray, député. La Reine les a accueillis très gracieusement. La réception n'a été terminée qu'à minuit.

Jugez maintenant, Monsieur, des émotions qui ont dû m'agiter dans le cours de cette journée. Et quand je songe que nos hôtes nous réservent encore pour demain une seconde édition de ces fêtes où l'on a à peine le temps de respirer, je me demande si j'aurai la force d'en être jusqu'au bout l'historien. A demain donc, si la fatigue et la fièvre et le trouble où je suis encore peuvent me le permettre.

LETTRE QUATRIÈME.

Pampelune, 7 septembre 1845.

On dit souvent, Monsieur, avec juste raison, que les jours se suivent et ne se ressemblent pas. Jamais le vieux *dictum* ne m'a semblé plus parfaitement vrai. Les deux journées qui viennent de finir sont si différentes de celle qui avait fait l'objet de ma dernière lettre! La transition a été si tranchée, le contraste est si grand, que je crois, en vérité, assister à une transformation de moi-même et du monde. C'est un délicieux feuillet de Virgile ou du Tasse, jeté par fantaisie, ou comme par hasard, derrière une page de Dante.

A cet air lourd, chargé de sanglantes vapeurs, exhalant je ne sais quelles odeurs de mort et de chairs pantelantes, a succédé un air plus malléable et plus doux. Avant-hier, il venait du cirque ; il ne m'apportait que les cris d'une cohue en délire, les rugissemens étouffés du taureau que l'on mutilait, le dernier râle des victimes qui mouraient dans l'arène ; aujourd'hui, il nous vient du ciel ; il nous apporte les frais parfums des montagnes voisines, et les échos d'un plus doux enthousiasme (celui d'un peuple entier pour sa jeune souveraine), se perdant peu à peu avec les feux du jour, derrière les hautes cimes de la Navarre.

La journée d'hier (6 septembre) a été presque entièrement remplie par des fêtes militaires. L'armée espagnole, représentée par son illustre chef, M. le maréchal, président du conseil, avait convié nos princes à venir visiter ses rangs. C'était presque convier notre brave armée française ; car, vous le savez, en devenant sur les champs de batailles la gloire de nos armes, les fils du Roi en sont devenus la plus noble personnification.

La revue était pour midi. A dix heures du matin, les différens corps réunis à Pampelune, et formant un effectif de six mille cinq cents hommes, ont commencé à se former en ligne de bataille sur les glacis intérieurs de la ville, non loin de la porte de la *Taconera*. Ces troupes, commandées par le jeune et brave général Pavia, capitaine général de la Navarre, se sont formées sur deux rangs dans l'ordre suivant :

2 Bataillons du régiment d'infanterie *del Principe ;*
4 Compagnies du génie ;
2 Bataillons du régiment d'infanterie *de Castilla ;*
3 — — d'*España ;*
3 — — de *Mallorca ;*
2 Compagnies d'artilleurs à pied et sans pièces ;
2 Batteries d'artillerie de montagne, à dos de mulets ;
2 — d'artillerie de bataille, traînées par de superbes attelages de mules ;

3 Escadrons de lanciers du régiment *del Principe;*
2 — — — *de Sagunto;*
3 — de chasseurs de *Maria Cristina;*

En tout, 10 bataillons d'infanterie, 4 compagnies du génie, 2 d'artilleurs à pied, 4 batteries d'artillerie, et 8 escadrons de cavalerie.

Le coup d'œil était magnifique. Malgré la chaleur étouffante et la lourdeur orageuse du temps, une foule immense de curieux, parmi lesquels un grand nombre de Français, étaient venus se grouper sur tous les points environnans, pour jouir du spestacle de cette petite armée harmonieusement échelonnée sur la rive gauche de l'Arga. Il n'y avait qu'une voix parmi nos compatriotes pour rendre hommage à la tenue irréprochable, à l'excellente discipline des troupes, mais surtout à la haute et rare intelligence qui a, on peut le dire, reconstitué en Espagne la force militaire.

Avant l'arrivée du maréchal Narvaez au département de la guerre, l'armée espagnole n'existait qu'à l'état d'élémens épars, disséminés, sans ordre, sans puissance de cohésion, sans discipline militaire. Le maréchal Narvaez a réuni ces élémens dans une forte main, dans le réseau d'une seule et même volonté. La discipline existait à peine, il l'a promptement rétablie; le soldat était mal vêtu, il a su lui donner une tenue qui fait aujourd'hui l'admiration de tous les étrangers; les coffres de la guerre étaient obérés, livrés à un désordre que je ne veux pas qualifier autrement; il a introduit, en quelques années, une sévère et sage économie dans les finances de son département, et, à l'heure qu'il est, une salutaire régularité dans la solde des troupes ne laisse rien à désirer à la prospérité de l'armée.

L'Espagne, déchirée par la guerre civile, les dissensions les émeutes, les soulèvemens incessans, avait surtout besoin, au dedans, d'un grand organisateur militaire; elle l'a rencontré dans le maréchal Narvaez, comme elle a trouvé, au dehors, dans M. Martinez de la Rosa, un politique comprenant à la fois et les besoins du peuple et ceux du trône constitutionnel.

A midi précis, les deux princes, accompagnés du maréchal Narvaez qui était venu courtoisement les prendre à la porte de leur palais, sont arrivés sur le champ de manœuvres. Monseigneur le duc de Nemours avait tenu à ne point se faire attendre : l'exactitude est, dit-on, la politesse des rois; Monseigneur a voulu qu'elle fût aussi celle des princes.

Un brillant état-major accompagnait LL. AA. RR. et le maréchal Narvaez. On y remarquait le lieutenant-général Oraa, les généraux Concha, Valdès, comte de Villa-Hermosa, duc de San Carlos, de Barrenechea et Urbiztondo, en uniformes du plus plus grand luxe. Les princes, montés sur deux magnifiques chevaux alezans qui leur ont été donnés par la Reine, portaient sur leur uniforme d'officiers généraux le grand cordon de la Légion-d'Honneur; Monseigneur le duc de Nemours avait, en outre, les insignes de la Toison d'Or. Le maréchal Narvaez se tenait un peu en arrière, à la droite du prince; il portait une riche épée, dont la poignée en or ciselé est, à ce qu'on assure, du goût le plus parfait, et que lui avait fait remettre Monseigneur le duc de Nemours avec une lettre remplie de flatteuse bienveillance.

Saluées à leur arrivée par d'unanimes acclamations, auxquelles se mêlaient le roulement des tambours et les symphonies militaires, LL. AA. RR. ont parcouru avec intérêt toute la ligne des troupes. On admirait partout la grâce et l'élégance toute particulière avec laquelle les princes conduisaient leurs superbes chevaux. Ce talent, que les fils du Roi possèdent, comme vous savez, à un si haut degré, ajoutait encore à la bonne impression qu'ils ont produite sur nos voisins essentiellement passionnés pour l'art de l'équitation.

Avant le défilé, les troupes ont exécuté divers mouvemens : un ploiement en colonne serrée, une marche de flanc, puis une formation en carré par bataillon; les bataillons se sont ensuite déployés de manière à se trouver tous en colonne; ils ont formé la colonne serrée, afin de venir se masser à l'extrémité du terrain. Tout cela est exécuté avec un ordre parfait et une excessive rectitude de mouvemens. Le soldat espagnol na pas dégénéré, il est toujours supérieur pour les marches de son infanterie.

C'est alors qu'a commencé le premier défilé, au bruit de la musique et des tambours. Les princes, ainsi que le maréchal, étaient placés au sommet du glacis, près de la porte de France. Quand le régiment commandé par l'Infant don François d'Assis a passé devant eux, ils ont répondu au salut militaire de leur cousin par un gracieux sourire et un geste plein d'affabilité.

Dans l'intérieur de la ville, un second défilé a eu lieu sous les yeux des deux Reines, de l'Infante et de Madame la duchesse de Nemours. LL. MM. et LL. AA. RR. occupaient une terrasse ou galerie ornée de verdure, dans un hôtel situé sur la belle promenade de la *Taconera*, et que le propriétaire, M. le marquis de Versolla s'était empressé de mettre à leur disposition. Les princes assistaient également à ce nouveau défilé qui s'est fait aux cris mille fois répétés de *Vive la Reine!* et ces cris, je vous assure, n'étaient point l'expression d'un enthousiasme de commande, On voyait aisément sur le rayonnant visage du dernier des soldats qu'une sympathie franche, qu'un amour libre et spontané unissait cette armée à sa jeune souveraine et aux institutions dont elle est aujourd'hui la plus sûre garantie. C'est un pas immense de fait, un progrès énorme accompli pour le trône constitutionnel et le gouvernement modéré de l'Espagne, que de pouvoir enfin se reposer, dans l'avenir, sur la fidélité de l'armée. Les événemens d'un passé encore voisin de nous ont prouvé combien ce concours était indispensable pour rendre la Péninsule à la sécurité et au bon ordre politique.

Il était quatre heures, quand les personnes royales sont rentrées au palais. M. le maréchal, suivi de son état-major, a reconduit nos princes à leur hôtel, où ils lui ont témoigné toute leur gratitude pour l'exquise urbanité et le zèle tout particulier qu'il avait mis à leur faire les honneurs de cette solennité militaire.

Le soir, un dîner moins nombreux que celui de la veille a été donné par la Reine à LL. AA. RR. Sa Majesté avait à sa droite Madame la duchesse de Nemours, à qui, depuis deux jours, elle n'a cessé de prodiguer les marques de la plus bienveillante affection. Venaient ensuite M. le maréchal président du conseil, Madame la comtesse Bresson, M. le duc de Rianzarès et Madame la comtesse de Belascoain. A gauche de la Reine étaient S. A. R. Monseigneur le duc d'Aumale, S. A. R. l'Infante, M. le comte Bresson, Madame la marquise de Valverde et M. le marquis de Malpica.

S. M. la Reine-mère avait à sa droite Monseigneur le duc de Nemours, la marquise de Santa-Cruz, don Jose Arana, le comte Jamin et le duc de a R oca; à sa gauche, M. Martinez de la Rosa, la comtesse d'Oraison, le capitaine-général de la province, le général Boyer et le duc de San Carlos.

Une gaîté franche et pleine d'effusion n'a cessé de régner dans tout le cours de ce repas, où, malgré la stricte étiquette de la cour espagnole, on voyait aisément le bonheur éprouvé par les personnes royales et leurs augustes hôtes à se trouver réunis.

Après le dîner, il y a eu bal et concert. Les salons, quoique fort spacieux, pouvaient à peine contenir la foule des invités, au nombre desquels se trouvaient un grand nombre de Français. Ces derniers, soit dit en passant, n'auront eu qu'à se louer de l'accueil plus que flatteur qui leur a été fait ici. Je dois ajouter, en revanche, et cela sans paraître suspect de vanité nationale, que nos compatriotes ont parfaitement tenu tête dans cet assaut de bonne courtoisie. Qu'y a-t-il d'étonnant? le beau sexe était nombreux et la plupart des dames remarquablement belles. Ajoutez à cela des toilettes qui, un moment, m'ont fait oublier Paris, ou plutôt m'ont fait croire que j'y étais encore. Sa Majesté portait notamment un délicieux costume avec des brillans du plus grand prix.

Deux chanteurs seulement ont été entendus dans le concert, où ils ont été souvent et fort chaudement applaudis. Ce sont M. Inchindi, première basse du Théâtre-Italien et mademoiselle Ezpeleta, dont la voix a paru d'une remarquable pureté. Le piano était tenu par M. Guelbenza, pianiste de la Reine.

Ce n'est que vers minuit que le bal a commencé. Il a été ouvert par Sa Majesté la Reine Isabelle. Au premier quadrille, Sa Majesté a dansé avec Monseigneur le duc de Nemours; Monseigneur le duc d'Aumale avec S. A. R. l'Infante, et Madame la duchesse de Nemours avec l'Infant don Francisco.

Au deuxième quadrille, Sa Majesté a dansé avec le président du conseil; Madame la duchesse de Nemours avec le général Pavia; Monseigneur le duc de Nemours avec S. A. R. l'Infante, et Monseigneur le duc d'Aumale avec Madame la comtesse Bresson.

Les princes se sont retirés à une heure et demie, laissant les assistans continuer les danses au milieu des joyeux transports qu'avait excités leur présence. Il semble en effet qu'ils soient venus ici pour répandre autour d'eux cette gaîté expansive et bruyante qui n'est pas d'ordinaire le côté distinctif du caractère sérieux, réfléchi et méditatif des Espagnols. Les habitans de Pampelune, nobles ou gens du peuple, grands seigneurs ou petit monde, parlent maintenant de nos princes avec une chaleur, je dois dire une admiration que nous ne pouvons, nous Français, nous leurs compatriotes, nous presque solidaires de leurs succès ici, nous empêcher d'accueillir avec un sentiment d'orgueil.

Il me reste, Monsieur, à vous entretenir de la dernière journée, je veux dire de la dernière fête, car, depuis l'arrivée, les heures du séjour ne se comptent pas autrement. Je tâcherai de le faire le plus sommairement possible; aussi bien dans ce tourbillon d'ovations, de triomphes, de plaisirs de tout genre qui n'a cessé de nous emporter, l'esprit débordé, haletant arrive, un beau moment, à ne plus savoir où se prendre. Traitez-moi de pauvre cervelle; mais au milieu de mes rêves, car je crois rêver, de mes enivremens, car je n'ai plus sentiment de moi-même; au milieu de tant de belles choses, d'émotions, de rians mirages, de fascinations entassées, accumulées sans merci, j'ai été cent fois sur le point de demander grâce, de m'écrier : — Assez !!

Aujourd'hui, dimanche, les deux Reines et l'Infante, accompagnées de nos princes, se sont rendues à la cathédrale pour entendre la grand' messe. Toutes les rues où devaient passer LL. MM. et LL. AA. RR. étaient tendues de draperies blanches, ornées de guirlandes de fleurs. Elles ont été reçues, à la grande porte, par Monseigneur l'évêque de Pampelune, entouré d'un nombreux clergé. Après la célébration de l'office divin, auquel assistaient également M. le président du conseil, M. le ministre des affaires étrangères, et pendant lequel une affluence considérable avait envahi la vieille basilique, pour voir les augustes personnages agenouillés devant celui qui donne les couronnes et fortifie les trônes, les Reines et LL. AA. RR. sont allées visiter la sacristie, qui est un chef-d'œuvre d'architecture et de goût. Elles se sont ensuite arrêtées devant le mausolée de Charles III, roi de Navarre. Ce monument est surtout remarquable par un magnifique bas-relief en marbre blanc, que les augustes visiteurs ont beaucoup admiré.

Une seconde course aux taureux avait été annoncée pour le milieu du jour. LL. MM. et LL. AA. RR. s'y sont rendues, après s'être reposées quelques instans au palais. Malgré la solennité du dimanche et l'heure des offices, le cirque est de bonne heure encombré; car, ce ce peuple, chez qui nulle passion ne se montre à demi, donnera toujours volontiers son éternité tout entière pour le plus petit quart d'heure d'un plaisir favori. C'est toujours la même affluence, le même empressement, la même passion; les dames, les jeunes filles en sont aussi avides que le peuple.

Mais pourquoi m'étonner? quand moi-même, moi qui vous parle, moi, qu'avaient effrayé, repoussé, ému jusqu'au dégoût, ces scènes de massacre, j'ai vu le moment où j'allais m'associer à cet empressement, à cette indicible curiosité du sang. Entre nous, je commence à croire que l'homme est une étrange chose, le plus bizarre, le plus fantasque, le plus inexplicable des animaux connus. Il a dépassé les *moutons de Panurge*, créés pourtant, à ce qu'on dit, à son image et à sa ressemblance. Franchissez devant lui le plus large fossé, il en franchira deux ; mettez-lui les mains dans le sang, il frémira d'abord, puis demandera à en boire, en vous disant ce mot de je ne sais quel bourreau philosophe : « Le tout est de s'y mettre. »

Que Dieu me pardonne, Monsieur, mais j'ai mis en pratique cette désolante maxime. Le tout était de m'y mettre et je m'y suis mis, ni plus ni moins qu'un Espagnol de race. J'ai vu, pendant plusieurs heures, un frémissant spectacle et je n'ai point frémi ! J'ai vu couler des flots de sang et tout le mien n'a pas, comme avant-hier, reflué vers mon cœur ! J'ai vu Montès, l'invincible Montès, le roi des *matadores*, la perle des épées, risquer dix fois sa vie sur les pas d'un taureau furieux, et j'ai crié, oui, Monsieur, dussiez-vous me jeter la pierre à mon retour, j'ai crié par dix fois : — Hurah ! pour Montès, pour Montès l'invincible, pour Montès, le roi des *matadores !* Aussi, peuple d'Espagne, je t'absous et me tais ; car, si tu as péché, j'ai péché plus que toi.

Les Reines et les princes, vêtus à peu près comme à la dernière course, ont fait leur entrée dans le cirque, au milieu des acclamations. Les cris : *Viva la Reyna!* ont surtout redoublé quand S. M. a paru au balcon de la loge royale pour saluer les nombreux assistans.

Vous connaissez du reste l'ordre et la marche de la cérémonie. A la suite des préambules qui précèdent la course, les taureaux ont été successivement introduits dans l'arène et successivement mis à mort par Montès, qui serait de force, je crois, à exterminer en un jour toute la race bovine des quatre parties du monde. Montès, à Paris, serait l'ornement de nos abattoirs ; chez nos voisins, il sera l'ornement de l'histoire. A quoi tient une place dans la mémoire des hommes !

On a généralement remarqué que les taureaux étaient plus furieux aujourd'hui qu'à la premiere course. Ils ont fait notamment une effroyable boucherie de chevaux. Le premier, le moins féroce de tous, a éventré pour sa part un de ces infortunés quadrupèdes, et désarçonné l'homme qui le montait, aux applaudissemens de la multitude. Montès, après avoir humblement demandé le bon plaisir de la

Reine, s'est avancé pour tuer le terrible animal, ce qu'il n'a fait qu'au second coup d'épée. Le premier coup a porté à faux, et la foule de s'écrier : « Mal ! mal, Montès ! que le taureau le tue ! » O reconnaissance de l'homme qu'on amuse ! Briser en un moment l'idole que naguère il venait d'élever ! En Espagne comme en France,

« C'est un droit qu'à la porte on achète en entrant. »

Les taureaux suivans ont été sublimes de fureur. Le peuple, hors de lui, battait des mains et des pieds à leurs prouesses sanglantes. L'un d'eux, pour sa part, a éventré cinq malheureux chevaux ; un autre, le sixième, s'élançant sur deux *picadores*, les a eu mis bientôt hors de combat, en les jetant sur les reins contre la balustrade. Un troisième combattant a été blessé à la jambe ; tant et si bien qu'au septième taureau, on ne comptait plus qu'un seul *picador* dans l'arène. Le combat a fini faute de combattans.

Un incident qui n'avait pas eu lieu à la précédente course a signalé celle-ci. L'un des taureaux, le cinquième, je crois, ne voulait s'émouvoir ni devant les *chulos*, ni devant les *picadores*. Bientôt l'indignation des amateurs n'a plus eu de bornes. On pousse des cris horribles : *Perros ! perros !* (aux chiens !) Comme on continue à provoquer en vain l'animal, le parterre se met à répéter en chœur : *Perros !* La reine accède aux réclamations. Cinq gros chiens boule-dogues sont lancés par trois individus contre le taureau, qui bientôt est saisi de chaque côté de l'oreille par deux de ces chiens, qui le tiennent en respect. Pour s'en défaire plus vite, on apporte un instrument en forme de demi-cercle et on lui coupe les jambes. Les chiens ne le lâchent que lorsqu'on lui a porté le dernier coup.

Et maintenant, si vous me demandez comment il se fait

que des hommes puissent trouver du charme à ce genre de passe-temps, je vous répondrai par ces mots : Avant tout, qu'est-ce que l'homme ?

Pour moi, si j'étais prince, je me dirais sagement, dans ces spectacles du peuple : Respectons les mœurs populaires. Ainsi ont pensé, et bien pensé vraiment, LL. MM. d'Espagne et nos princes français, les premières en faisant sans cesse bonne et noble contenance, les seconds en faisant remettre à Montès et au picador Charpa une bague enrichie de diamans et une épingle garnie d'émeraudes. Cette marque de munificence de Monseigneur le duc de Nemours envers les illustrations du cirque a produit sur la population un inexprimable effet.

Le soir, il y a eu dîner de famille au palais; après quoi les personnes royales sont allées à la citadelle pour assister à un simulacre d'attaque et de défense. Les troupes ont fait feu avec des cartouches à étoiles qui donnaient à ce spectacle quelque chose de féerique.

Une collation attendait les augustes visiteurs dans un élégant kiosque dressé sur un point culminant d'où ils ont pu jouir du magnifique effet produit par l'illumination de la citadelle. Plus de cinquante mille lampions ou torches enflammées découpaient dans la nuit, comme autant de rideaux de feu, la muraille qui couronne l'escarpement, l'enceinte, les bastions, les fossés, les demi-lunes, la lunette de Saint-Bartholomée, les forts de l'Infant et du Prince.

Les Reines et les princes étaient rentrés au palais, que la foule partout répandue se pressait encore pour contempler ce magnifique panorama nocturne. Et cette foule était heureuse, et elle bénissait les noms augustes qui lui donnaient ainsi une si large part dans leur bonheur de famille. Elle semblait oublier, l'ingrate ou la folle qu'elle est, qu'en ce moment ceux à qui elle devait ces plaisirs et ces fêtes échangeaient seuls, sans témoins, loin du bruit et des jeux, au fond des demeures royales, de touchans et solennels adieux. Sous ces vieilles voûtes, où, peut-être, dans des temps reculés, d'autres bouches princières s'étaient adressé des paroles menteuses, les Reines et leurs hôtes s'adressaient avec effusion des paroles parties du cœur.

Les adieux de LL. MM. et de LL. AA. RR. auront laissé de sincères regrets dans l'âme des six personnages augustes; mais, grâce aux progrès éclairés de notre politique, grâce aux bases solides sur lesquelles reposent notre alliance et notre amitié avec la Péninsule, rois et princes des deux pays n'auront plus désormais et pour long-temps encore qu'à se dire : — Au revoir!

Le départ de nos princes est fixé à demain matin. Trop fatigué pour vous dire les heureux résultats de cette visite, les avantages que les deux couronnes ont droit d'en espérer, je vous demande la permission d'envoyer coucher mes idées. Je vous dirai tout cela, du reste, avant de quitter cette ville, où les fils du Roi ont laissé de si heureux souvenirs, où, dans leur personne et dans celle de la Reine constitutionnelle d'Espagne, deux révolutions déjà fortes, déjà constituées, ont voulu ajouter encore à leur force naissante, et se donner la main.

LETTRE CINQUIÈME.

Pampelune, 8 septembre 1845.

La nuit vient de finir ; les mille lumières qui égayaient ses ombres se sont évanouies ; les derniers bruits de la dernière fête sont allés se perdre et mourir derrière les hautes cimes qu'illuminent aux alentours les rayons d'un beau soleil naissant.

Quel silence, quel calme, quel contraste frappant !

Comme ces rues sont tristes, ces places désertes, ces demeures muettes ! La vieille cité navarraise, naguère si radieuse, si pimpante, si enivrée, a repris son aspect sévère, solennel et guindé, comme le visage d'une antique *camerera mayor*. Et ce palais, tout ruisselant, tout inondé, la veille, des clartés de la fête, tout brillant des splendeurs de l'hospitalité, ce palais, royale demeure où se sont échangés de solennels accueils et de touchans adieux, semble maintenant engourdi dans un majestueux sommeil. Au dehors, tout fait silence ; au dedans, tout repose, excepté peut-être quelques cœurs augustes rêvant encore à de douces images, à des souvenirs aimés.

Il est huit heures du matin ; nos princes on quitté la ville hospitalière au son des cloches, qui avaient, quelques jours avant, salué leur entrée. Monseigneur le duc et Madame la duchesse de Nemours, accompagnés des généraux Zarco del Valle et Barrenechea, qui ont mission de les reconduire jusqu'à la frontière, ont pris la route de Bayonne, où LL. AA. RR. se rendent directement.

Monseigneur le duc d'Aumale, en compagnie de M. le duc de San-Carlos, de M. Azévédo et du général Jamin, se dirige vers la frontière par une autre direction. S. A. R. a voulu prendre la nouvelle route, à travers les vallées d'Ulzama et de Bastan, en passant les deux grandes montagnes de Belate et de Maya. Ce nouveau tracé, auquel le fils du roi a promis d'accorder une attention toute particulière, doit abréger considérablement le trajet de Bayonne à Pampelune et à Madrid, et améliorer ainsi les rapports déjà existant entre l'Espagne et la France. S. A. R. rencontrera en outre de nombreux souvenirs au milieu de ces contrées si long-temps désolées par le fléau de la dernière guerre civile. Que de villages, que de pauvres demeures, où sont encore écrites les tristes pages de cette histoire, où l'incendie, le pillage et le fer des rebelles ont laissé des traces de leur passage !

Si quelque chose, Monsieur, peut adoucir les regrets de nos princes en quittant Pampelune, ce sont assurément les bénédictions qu'ils emportent. La douleur et la misère, les deux seules choses que Dieu ait acclimatées partout, ont été ici consolées et adoucies par eux. Avant leur départ, LL. AA. RR. ont fait remettre à la municipalité une somme de 12,000 réaux (3,000 francs) pour l'hôpital de la ville. En outre, les domestiques espagnols chargés du service de la maison des princes ont reçu de leur part 36,000 réaux.

Les cadeaux échangés pendant le séjour ne le cèdent en rien à la libéralité des dons. Madame la duchesse de Nemours a remis à la Reine deux riches bracelets ornés d'émeraudes et évalués à une somme considérable. D'autres bijoux et bracelets ont été donnés par la jeune princesse aux dames d'honneur de la Reine, Madame la marquise de Valverde et Madame la comtesse de Belascoain.

Monseigneur le duc de Nemours a fait remettre deux belles tabatières en or avec le portrait du Roi, estimées chacune 15,000 francs, l'une au maréchal Narvaez, président du conseil, l'autre au ministre d'État, M. Martinez de la Rosa.

Les présens de S. M. la Reine Isabelle II ont été d'une magnificence vraiment royale. Outre les quatre superbes chevaux d'Aranjuez offerts à LL. AA. RR., elle leur a fait remettre par le maréchal Narvaez deux magnifiques lames de Tolède d'une trempe et d'un goût parfaits. Ces lames étaient enfermées et symétriquement pliées dans une boîte, ni plus ni moins qu'un ressort de pendule.

Enfin, les princes et leur suite ont reçu de Sa Majesté plusieurs insignes honorifiques. Monseigneur le duc d'Aumale a été décoré du collier de la Toison d'Or, conféré déjà en 1841 à Monseigneur le duc de Nemours. L'écharpe de Marie-Louise a été conférée à Madame la duchesse de Nemours et à Madame la princesse Adelaïde, sœur du Roi; la croix de grand-officier de l'ordre d'Isabelle-la-Catholique au général Boyer, aide-de-camp du duc de Nemours; la croix de commandeur du même ordre à M. Borel, officier d'ordonnance, et à M. Larnac, secrétaire des commandemens ; celle de chevalier de l'ordre de Charles III à M. Reille, deuxième officier d'ordonnance ; et celle d'officier de Charles III à M. le lieutenant-colonel Jamin, aide-de-camp du duc d'Aumale.

Je ne finirais pas si je vous disais toutes les marques de la haute bienveillance dont nos princes et nos compatriotes ont été constamment l'objet. Rien n'a été épargné pour rendre leur séjour ici aussi agréable et surtout aussi flatteur que possible ; rien n'égale le luxe déployé pour les recevoir, la somptueuse et élégante richesse de leurs appartemens, la magnifique tenue des gens attachés par la cour à leur service spécial. Pour vous donner une idée résumée de cette réception, je me bornerai à vous dire qu'un décret particulier avait ordonné à tous les postes militaires de leur rendre les honneurs dus à leur rang élevé.

Tant de soins empressés, de royales prévenances, ont vivement touché les augustes voyageurs, qui ont plusieurs fois manifesté leur haute gratitude.

« Le souvenir de notre voyage, disait encore hier soir Monseigneur le duc de Nemours, restera à jamais gravé dans mon cœur. »

De leur côté, nos princes ont dignement répondu à l'accueil de leurs hôtes. Je puis vous affirmer , sans aucune flatterie , qu'ils ont été parfaits. Tous les suffrages sont unanimes, toutes les bouches n'ont qu'une voix pour rendre hommage à ces nobles manières, à ces charmes heureux du cœur et de l'esprit qui distinguent si éminemment notre royale maison de France. On n'oublie les grâces touchantes de Madame la duchesse de Nemours que pour songer aux princes et à leurs à-propos pleins d'une exquise délicatesse.

Je me rappelle , entre autres, la particularité suivante, qui honore en même temps et le sens parfait de Monseigneur le duc d'Aumale et l'honorable officier espagnol à qui elle se rapporte. Au moment d'entrer à Pampelune, les princes, accompagnés du lieutenant-général Zarco del Valle qui était allé les accueillir à Bayonne, se disposaient à monter en voiture. Les deux siéges de derrière étaient déjà occupés par Monseigneur le duc et Madame la duchesse de Nemours; ceux de devant étaient réservés à Monseigneur le duc d'Aumale et à M. Zarco del Valle. Le prince invita le général à occuper la place de droite, et comme celui-ci refusait cet honneur :

« C'est la place qui vous appartient, lui dit le duc en » souriant; vous êtes lieutenant-général beaucoup plus » ancien que moi, et je ne puis me permettre de manquer » aux règles de la hiérarchie. L'honneur vous revient par » conséquent de droit. »

. . . .

. . . .

Maintenant, Monsieur, le moment est venu de me demander avec vous quels avantages politiques les deux pays sont en droit d'espérer de l'entrevue de Pampelune.

Nous vivons, je le sais, et nos voisins et nous, sous des formes gouvernementales qui ne permettent pas aux personnes princières de peser d'un poids trop décisif dans la balance des choses politiques. Leurs actes et leurs démarches n'ont plus, à notre époque, qualité péremptoire dans les rapports internationaux. Le tempérament constitutionnel s'y oppose ; et, certes, ce n'est pas moi qui serai le dernier à m'en féliciter.

Mais si les souverains ne peuvent plus dire aujourd'hui, dans nos sociétés nouvelles, à l'instar de Louis XIV : « Le pays, c'est moi ; l'omnipotence gouvernementale, c'est moi; » ils peuvent dire en revanche avec un orgueil, à mon avis, plus légitime et plus noble : » Je suis l'expression du pays, la personification respectable de la volonté qui gouverne.» En d'autres termes, les personnes royales, comme les personnes princières, réalisent et résument dans leurs œuvres officielles la pensée politique dirigeante dans un pays. Toute démarche de leur part est une expression, un indice, une consécration : c'est sous ce point de vue qu'il faut considérer la démarche de Pampelune.

La parenté constitutionnelle de la France et de l'Espagne avait, dès long-temps, préparé cette manifestation réciproque que vient de réaliser la parenté du sang. Il y a eu autre chose qu'un rapprochement de famille royale ; bien aveugle est celui qui n'y verrait pas le produit de tendances amies entre deux familles sociales.

C'est donc une alliance, une haute et sérieuse fraternité politique, que viennent de sceller, en notre nom et au leur, les deux maisons royales de France et d'Espagne. Cette consécration sera-t-elle fertile en résultats heureux ? Je n'hésite pas à le croire.

Il fut un temps peu éloigné de nous, où l'alliance de la Péninsule pouvait sembler un fait de médiocre importance. Bien plus, les esprits méfians et enclins à ce que j'appellerai la politique égoïste, étaient assez fondés alors à regarder l'Espagne comme une alliée plus gênante qu'utile. Aujourd'hui, grâce au ciel, la situation est changée ; nous avons devant nous une société reconstruite, une nation refaite, reconstituée, régénérée, qui peut nous rendre désormais, par sa haute alliance, toute la force qu'elle reçoit de nous.

On a voulu, il est vrai, nier ce que j'avance, élever des doutes systématiques sur les progrès atteints par le gouvernement actuel de l'Espagne ; on a contesté aux hommes éminens de ce gouvernement les fruits mérités de leur persévérant labeur. C'est, en vérité, Monsieur, tenir bien peu de compte de l'autorité des faits ; c'est mentir bien impudemment à l'histoire contemporaine; c'est, en un mot, pour me servir des termes consacrés, vouloir nier la lumière à la face du soleil.

On ne peut avoir oublié la situation de l'Espagne, quand le cabinet actuel accepta les affaires. Couché dans le demi-tombeau que lui avait creusé la dernière guerre civile, accroupi sur ses plaies récentes qui saignaient encore de toutes parts, ce grand corps social restait obstinément étendu sur le sol, sans pouvoir parvenir à cicatriser ses blessures. L'ordre moral et matériel chancelait sur ses bases, l'ordre politique était compromis, la révolution menacée. Plus de stabilité gouvernementale, plus de sécurité à venir, pas un jour qui pût se promettre un lendemain paisible. Seule debout, au milieu de ces ruines incessamment entassées, une jeune couronne attendait, sur la foi de son droit légitime, qu'une main puissante vînt réunir les élémens épars du pouvoir constitutionnel.

Telle était la Péninsule, telle l'ont reçue de leurs prédécesseurs les hommes d'État placés aujourd'hui à la tête de son gouvernement. En venant au pouvoir, le cabinet actuel a apporté la solution du problème qu'on avait, avant lui, inutilement cherchée : *la modération dans la force*. Dans un pays ouvert à toutes les factions, c'était assurément le seul secret du pouvoir. Il fallait être fort pour se montrer modéré sans péril, sans craindre à chaque instant les tentatives des ennemis de l'ordre.

C'est cette recherche de l'élément premier, de la force politique que l'on a surtout reprochée au gouvernement espagnol. On lui a dit : « Vous allez en arrière ; vous substituez le pouvoir absolu à la constitution. » Un tel raisonnement est, de deux choses l'une : ou le produit d'une opposition systématique, ou le fait d'une grande ignorance. Les faits accomplis le réfutent suffisamment ; c'est à leur témoignage que j'en appellerai.

Constamment unis de principes, de but et de tendances, les membres du cabinet actuel ont cherché, avant tout, à la faveur de cette omogénéité parfaite, à traverser sans perte les diverses crises politiques qui se sont succédé. Pour y parvenir, ils ont demandé un appui à l'élément constitutionnel lui-même, au jeu normal et régulier des institutions, à la majorité parlementaire. Cette puissance invoquée a répondu à leur appel : à qui l'opposition pourrait-elle en faire un reproche?

Placé sur ce terrain, le ministère espagnol a constitué plus fortement encore sa majorité obtenue. Les progressistes se sont exclus du parlement, de leur propre mouvement, lors des élections générales; les prétendus *monarchistes* en sont sortis par dépit, et n'ont pas été réélus. Je le demande encore : à qui l'opposition pourrait-elle en faire un reproche?

A qui? mais vraisemblablement à la majorité parlementaire, à cette volonté respectable, à cette autorité constitutionnelle, que l'on reproche au gouvernement d'avoir foulée aux pieds. C'est elle qui a soutenu de son libre concours le cabinet actuel; c'est elle qui l'a maintenu aux affaires; c'est elle qui l'a fait ce qu'il est, c'est-à-dire confiant et fort. S'il a vaincu tous les partis extrêmes, le despotisme monarchique et les progressistes, c'est que la majorité lui a donné des armes. S'il a ravi à ce dernier parti son influence sur les corps municipaux, sur ces *ayuntamientos*, si tristement mêlés à toutes les révolutions du pays, n'est-ce pas encore la majorité qui lui en a donné le pouvoir?

Eh bien! ce pouvoir, cette force enviée et si laborieusement acquise, ont permis au gouvernement de rétablir enfin l'ordre public en Espagne, d'introduire les réformes nécessaires, dans la limite des institutions. Grâce à l'énergie modérée, intelligente de son administration, l'Espagne a presque aujourd'hui une situation normale. Au dehors, un ministre habile, possédant toutes les ressources d'une dignité prudente, a garanti son indépendance en Europe, sans troubler l'harmonie des bons rapports internationaux ; au dedans, une administration active, infatigable, a reconstruit pierre à pierre, dans son ordre et son harmonie, tout l'édifice moral, politique et matériel. La religion a trouvé en elle une protectrice zélée, mais prudente, mais résolue à la circonscrire dans la sphère de ses attributions saintes.

Les factions levaient la tête, les partis s'agitaient encore dans une espérance coupable ; partisans et factieux sont venus se briser contre une volonté qu'ils n'avaient pas rencontrée jusqu'ici. Les finances, ce nerf des États, n'existaient plus que comme la menace d'une catastrophe prochaine ; aujourd'hui les finances sont à la veille d'être reconstituées, grâce à un système uniforme d'impôts qui réussit chaque jour davantage. L'armée était en proie aux symptômes les plus alarmans d'une désagrégation imminente ; elle est maintenant mieux organisée et mieux disciplinée qu'à aucune autre époque du régime constitutionnel.

Le cabinet espagnol ne s'est pas tenu là. Il a organisé le Conseil d'État ; il a modifié et perfectionné le système de l'instruction publique et de l'administration civile du pays. En un mot, le plus grand, le plus beau de ses titres est d'avoir activé au dedans la centralisation gouvernementale, au dehors la résurrection de l'Espagne comme puissance européenne.

Ils seront donc profitables et utiles pour nous, les résultats d'une alliance consacrée avec un pays ainsi régénéré. Ces résultats, qui pourrait désormais les révoquer en doute ? qui pourrait refuser de voir de longues espérances, de hautes garanties dans l'épisode de Pampelune, dans ce royal rendez-vous, où deux peuples voisins, unis par l'origine et la nature de leurs institutions, sont venus fraternellement se donner l'accolade... accolade féconde, d'où sortira peut-être le maintien de la paix et du repos de l'Europe?

FIN DE LA CINQUIÈME ET DERNIÈRE LETTRE.

www.ingramcontent.com/pod-product-compliance
Ingram Content Group UK Ltd.
Pitfield, Milton Keynes, MK11 3LW, UK
UKHW020316220726
13923UKWH00003B/1187